U0927472

山东社会科学院出版资助项目和山东社会科学院智库建设深化研究项目“山东服务和融入新发展格局的路径研究”共同资助

企业联盟能力对合作创新绩效的影响研究

基于资源视角

ENTERPRISE
ALLIANCE

张涵 著

Research on Influence of Enterprise Alliance Capability on Cooperative Innovation Performance

Based on Resource Perspective

中国社会科学出版社

图书在版编目（CIP）数据

企业联盟能力对合作创新绩效的影响研究：基于资源视角/张涵著．—北京：中国社会科学出版社，2023.1
ISBN 978-7-5227-1385-4

Ⅰ.①企…　Ⅱ.①张…　Ⅲ.①企业创新—企业绩效—研究—中国　Ⅳ.①F279.23

中国国家版本馆 CIP 数据核字(2023)第 018071 号

出 版 人　赵剑英
责任编辑　刘晓红
责任校对　周晓东
责任印制　戴　宽

出　　版　中国社会科学出版社
社　　址　北京鼓楼西大街甲 158 号
邮　　编　100720
网　　址　http：//www.csspw.cn
发 行 部　010-84083685
门 市 部　010-84029450
经　　销　新华书店及其他书店

印　　刷　北京君升印刷有限公司
装　　订　廊坊市广阳区广增装订厂
版　　次　2023 年 1 月第 1 版
印　　次　2023 年 1 月第 1 次印刷

开　　本　710×1000　1/16
印　　张　10.75
插　　页　2
字　　数　155 千字
定　　价　56.00 元

前　言

经济全球化背景下，信息化、网络化态势日益明显，急剧变化的竞争形势对中国产业的创新速度和创新质量提出了更高要求，中国经济从规模优势向创新优势转变势在必行，企业创新迫在眉睫。当下，国内大多数企业面临创新资源有限和技术研发能力落后的困境，合作创新可以有效解决单个企业面临的困境，缔结战略联盟是推动企业合作创新的有效途径之一。战略联盟是企业间合作的特殊组织，是两个或两个以上企业为实现特定战略目标而采取的共担风险、共享利益的长期联合与合作协议。企业通过缔结战略联盟开展合作创新，对比一般合作创新关系而言，其主体间具有更高的关联性，这就为合作增添了一层契约砝码，为合作创新提供了更深层次和更加稳定的空间。由此，基于战略联盟进行合作创新逐渐成为企业提升创新能力的重要途径。而合作创新绩效则是衡量联盟合作创新成果和产出的重要指标，已有文献证实企业联盟能力对合作创新绩效具有显著影响。同时，联盟中知识、信息、技术、人才和资金等大量异质资源的存在是联盟建立和合作开展的基础条件，企业会根据创新需要从联盟中获取资源并加以应用，也会根据合作需求向联盟注入企业自身资源，基于联盟的合作创新实质上是企业在联盟合作中共享、交流、互换和再利用资源的一系列动态过程，因此，在合作创新绩效作用机制的研究中应该重视资源这一关键要素的影响力。以往研究多注重对单个企业内部资源的讨论，而忽略了对联盟中企业资源流动和配置行为的分析，只有企业利用自身能力将资源全部激活，才会为企业带来合作价值和创新绩效，因此，本书将根据中国企业的特点，基于中国本土情境，从资源视角对企业联盟能力对合作创新绩效的影响深入探讨。

基于以上背景，本书综合运用资源基础理论、资源依赖理论和企业能力理论等理论基础，以中国本土企业为研究对象，根据“能力—行为—绩效”逻辑链条，在资源视角下围绕“企业联盟能力如何影响合作创新绩效”这一核心问题展开研究，建立了“联盟能力—资源获取、资源承诺—合作创新绩效”理论框架。具体而言，本书由浅至深提出以下研究问题：①企业联盟能力的内涵和维度是什么？②企业联盟能力与合作创新绩效之间具有什么样的关系？③企业联盟能力影响合作创新绩效的具体路径是什么？④上述作用关系在内外部情境因素的影响下是否会呈现差异化？针对以上这四个具体的问题，本书进行了如下规范研究：

首先，对相关理论和文献进行梳理和分析，通过对战略管理领域有关企业联盟能力研究综述、资源理论研究综述、合作创新绩效研究综述，找出了现有研究的理论缺口，根据研究情境进一步界定企业联盟能力的内涵及其维度，构建联盟能力影响合作创新绩效的理论模型，并指出企业联盟能力不仅能直接作用于合作创新绩效，还可以通过由外而内的资源获取和与由内向外的资源承诺来影响合作创新绩效。

其次，在构建理论模型的基础上，提出企业联盟能力影响合作创新绩效的细化研究假设，然后通过对 202 家本土企业的样本问卷数据采集，采用多元回归分析方法对本书提出的假设进行实证检验。

最后，在上述研究基础上，本书引入管理者解释和联盟黏性两个调节变量，从认知视角和权变视角出发，深入考察在内外部情境要素下，企业联盟能力对资源获取、资源承诺的影响是否存在差异，进一步地，对内外部情境要素影响资源获取和资源承诺在联盟能力与合作创新绩效之间中介作用的调节效应进行分析和验证。

基于以上研究，本书主要得出以下结论：

（1）企业联盟能力对合作创新绩效具有明显的正向影响。具体来说，企业的联盟构建能力、合作协控能力和关系管理能力都正向影响合作创新绩效。

（2）企业联盟能力通过影响资源获取、资源承诺进一步作用于合作创新绩效。资源获取和资源承诺两个变量分别在联盟能力与合作创新绩效之间的两条关系路径中起到了部分中介效用；同时，相对于资源承诺而言，资源获取在企业联盟能力与合作创新绩效之间的中介作用更大。

（3）企业联盟能力对合作创新绩效的作用机制受到企业内外部情境变量的调节作用。实证结果显示，管理者解释负向调节了联盟能力对资源获取、资源承诺的影响；而联盟黏性对联盟能力与资源获取、资源承诺之间的关系具有正向调节作用；管理者解释负向调节了资源获取和资源承诺在联盟能力与合作创新绩效中的中介效应；而联盟黏性对资源获取中介效应起到了正向调节作用，对资源承诺中介作用的调节效应并不显著。

上述研究结果加强了企业联盟能力对合作创新绩效作用过程的诠释，使本书研究具有一定的实践意义和理论意义。本书主要在三个方面进行了深化和拓展：

第一，基于联盟合作情境，进一步提炼联盟能力的内涵和构成；从联盟构建能力、合作协控能力和关系管理能力三个维度，明确了联盟能力在中国现实情境下对合作创新绩效的积极影响。历经十余年的研究，目前学术界对企业联盟能力的内涵及构成维度并未达成一致。本书基于联盟合作情境，将联盟能力定义为企业构建有利于自身发展的联盟关系并有效管理整体联盟网络和合作活动以获取竞争优势的能力，从过程和构成要素两个角度将其划分为联盟构建能力、合作协控能力和关系管理能力，验证了其测度方式的科学性和合理性；并从中国现实情境出发，探讨了上述三维度与合作创新绩效的关系机制，拓展和延伸了联盟能力在中国情境下的研究范围，为中国企业认识联盟能力并更好地开发和应用联盟能力提供理论支持。

第二，打开了企业联盟能力影响合作创新绩效的中间机制。已有研究表明，企业依靠联盟能力可以更好地调用和支配联盟资源，却鲜有研究将企业联盟能力过渡到真正决定合作创新优势的资源要素上来。资源基础理论认为资源是企业的基础，企业能力理论指出能力是企业发展的关键。本书将企业联盟能力与资源要素进行关联，从资源视角解析企业联盟能力影响合作创新绩效的本质过程，建立了包含资源获取和资源承诺的二元中介效应模型的理论框架，验证了联盟能力是通过影响企业资源由外而内的获取和由内而外的承诺来进一步作用于合作创新绩效。因此，本书深化和丰富了联盟创新管理的研究视角，对企业联盟能力与合作创新绩效之间作用机制的研究提供了有益的补充，为新时期企业联盟能力提升、资源管理以及联盟合作提供相关理论指引与实践佐证。

第三，阐释了内外部情境变量在联盟合作创新绩效作用机制中的调节效应，丰富了联盟合作理论的适用情境。在战略管理理论研究领域，情境要素是需要考虑的关键要素。为了进一步明确理论所适用的边界条件，本书基于认知视角和权变视角，结合企业内生和外生两方面因素，引入管理者解释和联盟黏性作为调节变量，进一步验证企业联盟能力对资源获取和资源承诺的作用效果在不同情境变量下的差异化表现，以及资源获取和资源承诺的中介效应如何受到情境因素的影响。该结论对于管理者认知理论和权变理论研究的纵深度进行了一定的拓展，同时也为企业获取更好合作创新绩效给予了新的管理理念。

关键词：企业联盟能力；合作创新绩效；资源获取；资源承诺；管理者解释；联盟黏性

目　录

第一章

绪 论

第一节 企业联盟能力对合作创新绩效影响研究的背景和意义

一 现实背景

技术革新和全球化速度的加快，改变了中国经济的生存环境，急剧变化的竞争形势对中国产业和企业的创新水准提出了更高要求，提升创新速度和质量成为经济发展和转型的重中之重。尽管中国具有稳步提升的生产能力，在2010年就已经成为世界第一制造大国（史丹，2020），然而在产业转型升级和壮大新兴产业等方面仍显不足。改革开放40余年，中国工业经济已经完成从价格优势到规模优势的第一次转变，而当前时期，从规模优势向创新优势转变已成为重要任务。党的二十大报告指出，加快实施创新驱动发展战略，强化企业科技创新主体地位。企业是国家经济的微观主体，是实施创新驱动发展战略的重要单元，面对新一轮科技革命和产业变革的来临，企业创新是顺应国家创新需要以及应对国际激烈竞争环境的关键所在。目前，国内多数企业创新资源和技术研发能力有限，产品开发和技术革新处于中低水平，有些产品和服务的创新业务甚至依靠于技术外包，核心技术无法掌控在自身手中，这就直接导致了企业无法获取经济利益最大化，在创新问题上更显被动。即使有些大企业拥有足够的资源禀赋和内在能力进行自主创新，但往往耗时太久且需要投入巨大的人力、财力等资本，创新优势最终能否显现无法预知。所以，自主创新对企业而言，不仅是考验自身内在资本和创新能力的过程，更是一个高投入高风险的过程。伴随着开放式创新范式的兴起，越来越多的企业开始根据创新需求和外部环境等条件的变化进行适时演变，与不同创新主体进行合作就逐渐成为企业满足资源需求、分摊研发投入以及降低风险的重要创新工具。

尽管由多方协同开发技术和产品、更新服务的合作创新可以为企业带来诸多的互补优势和可观的创新收益，但跨组织合作创新的成功率一直持续在很低的水平，据统计，在实践中有 60%以上的合作创新都是以失败告终（李玲，2011）。导致合作失败的原因很多，合作双方合作目标、组织文化、资源禀赋等方面存在差异，信息不对称带来合作风险，自利主义导致投机行为发生等，都会给合作创新带来中断、终止和失败的可能。在这种包含众多不确定性因素的合作背景下，企业开始跨区域跨产业与其他企业缔结战略联盟来推动合作创新。战略联盟作为企业间合作的一种特殊组织，其高度关联性会给单纯的合作关系增添一层契约砝码，进而促进合作主体间更深层次的合作，以此构建出更加稳定的合作发展空间。逐渐地，联盟创新合作成为企业更加倾向的合作创新战略，成为企业创新实力增长的重要工具（Reuer，et al.，2011）。诸多发达国家的知名企业都具有自己较为成熟的联盟合作创新体系，许多不同领域的成功企业更是每年拿出 20%的资产或者 30%的年研究经费来开发和维持战略联盟关系。Osborn 和 Hagedoom 对世界 500 强企业的研究中发现，这些企业平均拥有的联盟关系数量已达到 60 多个。张彦宁在对全球 150 家跨国企业的研究中发现，90%的企业进行了不同形式的结盟活动（张彦宁，1998）。美国恩贝公司的调查显示，大型成熟企业开展联盟实践的比例为 72%。世界著名汽车生产商美国福特公司与马自达公司自 1979 年建立战略联盟以来取得了共同成长，福特汽车公司擅长市场营销，拥有资金等优势，而马自达汽车公司则善于开发制造，拥有先进的研发机构，优势的互补让两者相互吸引缔结成战略联盟，共同研发10款新车型并得以热销。世界著名电器企业西门子公司花费大量精力来建立联盟并应对复杂联盟关系，通过建立“竞争力中心”和“联盟管理实践团体”等部门对联盟经验进行总结，努力将联盟运营系统规范化，保证企业在联盟中获取最前沿的技术、信息和知识，并在越来越多的联盟关系中持续获得最大收益，不能否认，西门子在产业中的脱颖而出得益于企业的联盟合作文化和创新精神。近些年，国内企业同样意识到缔结联盟的诸多优势，致力于通过联盟组织推动合作创新，开发新产品、研发新技术、打开新产品市场并实现规模经济。中国移动自2007年以来开始与谷歌、高通和三星等多家国际知名信息产业公司共同成立以Android手机操作系统为基础的手机开发联盟，合作开创安卓手机系统并共同推动市场对安卓系统的认可和应用，联盟内各成员通过合作创新均实现了巨大收益。因此，联盟合作创新可以优化合作双方资金、设备、技术、人才等要素的配置并进行价值整合，从而实现远远高于联盟成员独自创新的收益，是企业提升创新实力和核心竞争力的有效途径。不仅如此，联盟合作创新对于规范行业间的竞争秩序并提高行业质量水平和标准等也有着重要意义，成为产业创新和发展的重要手段（詹也，2013）。

然而，企业联盟合作行动也存在无法获得预期收益甚至最终走向失败的极大可能性。Kale和Singh（2009）、Schilke和Goerzen（2011）引用的几项研究均表明，30%—70%的战略联盟未能实现设定的目标，而新创企业联盟失败的比率也在30%—70%。究其原因：首先，联盟构建初期企业对合作伙伴匹配程度判断不足就盲目建立联盟关系，这会导致后续合作推进过程中难以协调，双方知识、信息等资源无法互相匹配，不能与自身创新业务领域进行融合；其次，企业缺乏对合作创新活动的监督和管理，不能有效地对资源进行统筹安排和调配，无法及时发现和遏制对联盟合作不利的机会主义行为和冲突等不利因素；最后，企业根据不同战略目标需要会缔结多个联盟关系，联盟伙伴间往往具有不同的组织文化背景和行为惯例，在合作中存在目标不一致的问题，不能建立有效的沟通机制和信任机制就很难获取合作的默契和亲密的关系，双方资源和知识就不能及时转化为合作创新中可以应用的知识和能力。从联盟的构建伊始再到联盟的运行阶段，企业难以把握联盟整体的演化趋势，这就无法保障合作创新的成功。所以，企业面临的一个重要现实问题就是：如何运用自身能力来建立和运行战略联盟以达到合作创新的成功。

合作创新是不同学科领域知识的交叉和融合，从实践来看，合作创新实质上是企业之间进行异质资源互补的过程，知识、信息、技术和人才等资源的存在是这一过程的运行基础，也是开展合作创新的必要条件。国内外联盟合作创新的成功范例充分说明，只有在联盟中对资源进行及时捕捉、“精耕细作”并“纵深拓展”使其内化为自身竞争优势，企业才会在联盟中获得合作满意和创新成功。同时，仅仅单方面获取资源对于合作创新而言是远远不够的，根据《中国企业创新发展报告（2018）》显示，当前企业创新主要以市场需求为拉动，企业基础资源投入较少，且仅仅集中在应用层面，导致了高新技术产业（新兴互联网基础服务、智能生产、新能源业务、生物医药制造等行业）的原始创新力较为薄弱；报告中强调创新资源投入和创新绩效提升是创新力增长的主要动力（方啸等，2018）。因此，现实合作创新过程中，如何吸收联盟资源并加以利用会对企业的合作创新效果产生影响，而由企业自身向联盟合作中的资源投入也会成为影响合作创新成果和创新收益的关键因素。

由此，在全球化进程加速以及信息化、网络化态势明显的经济背景下，中国企业技术创新水平急需加强，联盟合作创新是中国企业实现技术升级的关键路径，所以以中国企业为研究对象，对企业自身联盟能力如何影响其在联盟合作创新中获取的绩效进行讨论，并加强企业对联盟资源和自身资源的优化利用，是现阶段需要解决的关键问题。

二 理论背景

竞争优势理论指出，激烈的竞争形势下，“去合作化竞争”逐渐成为企业间合作的假设起点，企业间合作已经成为现代经济活动中最为普遍的现象。合作是企业双方因为自身利益而建立的介于市场与层级组织之间的一种协议关系，是合作双边互惠承诺下的长期互动关系（Anderson，et al.，1994）。跨组织合作包含着双方能力要素共享和资源互换交易行为，可以帮助企业克服自身有限性，研究表明，长期导向下的跨组织合作会帮助企业获取更多利益并提升企业长期绩效（Doney and Cannon，1997）。企业间合作的影响因素和作用机制等相关问题一直是学术界近几十年关注的话题，学者纷纷从供应链、产学研、产业集群、社会网络等不同情境出发对企业间合作绩效进行了深入剖析（李玲，2011；乔琳和丁莹莹，2019；侯光文和薛惠锋，2017）。学术界在重视企业间合作研究的同时，对企业创新的研究视角也开始由自主创新向开放式创新范式转变，基于创新的企业间合作行为更是成为近几年的研究热点，学者从不同角度对合作创新绩效的影响因素展开了一系列讨论。合作创新绩效作为合作成果最直接的体现，是衡量组织间联合创新而产生的创新成果和产出的重要指标，已有研究证实，企业主体因素如组织学习能力、网络能力、吸收能力、动态能力以及关系能力等均对合作创新绩效产生显著影响（肖丁丁等，2011；宋晶等，2015；Tsai，2009）；而合作关系公平性、企业间信任、关系质量、关系资源等综合因素对合作创新绩效亦存在正向影响（张梦晓和高良谋，2019；吴松强等，2017）。近些年，战略联盟对企业立足和产业发展的重要性与日俱增，针对战略联盟这一特殊组织内的合作创新行为和合作创新绩效问题的相关研究，也逐渐成为学者研究企业管理领域的兴奋点和突破点。

组织具有不同行为和获得不同绩效的原因在于企业自身不同的内在能力，企业能力理论指出，企业能力对企业日常行为具有决定性的影响，与组织能否获取较高绩效和竞争优势息息相关。因此，对联盟情境下企业的行为和绩效研究离不开联盟能力的支撑。联盟能力是指企业从选择联盟伙伴并与其缔结联盟关系到维系联盟关系以及管理联盟日常行为等的一系列能力（Simonin，1997），决定着企业以何种效率、质量和价值观从联盟中实现合作创新目标并形成竞争优势，关乎企业在复杂无序的环境中能否构建出合理化的联盟体系并实现合作共赢。作为一种综合实践能力，联盟能力融合了动态能力观、关系观、资源观等多个理论，已经成为企业能力理论的重要分支。伴随发展需求的提高，企业为了更好的生存和立足已经不能仅仅依靠于某一个联盟关系，而是开始根据战略需求不断扩大以其为中心的联盟网络，与多样化合作伙伴建立多个战略联盟，于是，近些年有关企业联盟能力的研究经历了从单个联盟到多边联盟再到联盟组合等不同范围的研究（芮正云和罗瑾琏，2017），联盟能力的内涵、外延以及作用机制的研究也取得了丰硕的成果，其对联盟合作成功的关键作用已经得到验证（蒋维平等，2017）。学术界一直对如何最大限度发挥联盟能力来获取更高的绩效回报表现出极大的关注，以期通过研究在客观世界为企业获取超额效益提供理论佐证。传统资源理论认为，企业拥有或控制的有价值、稀缺、不可复制和具有组织性的资源决定了企业的竞争优势（Barney，1991）。随着网络理论的发展，学者指出，企业间的交流和合作会帮助企业营造外部网络，这种关系网络会为企业提供所需要的战略资源和能力要素来获取和保持竞争优势（Gulati，2008）。战略联盟对企业而言，是一种特殊的关系网络，但联盟中的异质性资源如何对企业合作创新绩效产生影响的研究仍然不够充分。

联盟合作的成功可以根据不同的标准如寿命（Davenport，et al.，1999）、伙伴满意度（Spekman，1994）和目标的实现（Cullen，et al.，2000）等方面来衡量。尽管目前对于企业联盟能力与联盟合作、合作创新之间关系的相关研究已取得了一定的研究成果，但仍然存在一定的理论缺口。

首先，随着创新需求和要求的提高，企业与多样化合作伙伴构建多个联盟关系已经普遍化，企业面对的联盟环境更加复杂，因此，对联盟能力的研究定位不仅局限于单一双边联盟，更多地注重对联盟全面的设计、统筹和把握，以应对联盟建立到营运到收获整个动态过程中更加严峻的考验。因此，不仅关注单一的双边联盟，关注联盟组合和联盟网络整体的联盟能力将会成为能力理论和创新管理的新热点。20 世纪末开始，管理领域就多边联盟和联盟组合等方面进行了大量研究，从社会网络、组织学习、动态能力等不同的视角对联盟能力进行剖析和定义，然而目前理论界对联盟能力的定义和维度划分仍未达成一致。所以，站在对企业整个联盟网络（双边联盟和复杂的联盟组合）的高度并结合要研究的合作创新绩效对联盟能力进行定义和维度划分，可以更加全面准确地分析联盟能力是如何保证企业合作活动的顺利进行以及预期目标的实现。

其次，企业联盟能力影响合作创新绩效的中间机理关注不够，尽管“能力”与“绩效”之间可能存在直接、正向的影响，但仅仅将“能力”视为“绩效”的解释变量却过于简单和单薄，理解联盟能力的作用机制需要一个更加全面和细致的理论框架。现有研究表明，信息、知识、技术、人才和资本等资源是战略联盟和合作关系存在的充分必要条件，资源要素对联盟合作发挥的重要作用已经得到证实。同时，Lisboa 等（2016）研究指出，只有当企业能力将资源全部激活时，资源才会为企业带来价值。然而，资源要素怎样被企业联盟能力激活，企业又如何通过资源的流动和交换得到自身技术和战略性资源的完善进而推动联盟合作创新的进行并获取更高合作创新绩效的，即资源视角下讨论联盟能力对合作创新绩效影响的研究却鲜有提及，也就是说，在联盟情境下，资源要素在联盟合作创新中前因后果研究不够充分。拓展资源观（Extended RBV）指出，在战略联盟或企业网络中会存在大量的可利用的有价值资源，是企业形成租金和获取竞争优势的基础。因此，本书将资源理论、企业能力理论和合作创新理论进行融合，对企业联盟能力如何作用于企业吸收和应用联盟中资源（资源获取）和支配内部已有资源

（资源承诺）并进一步影响合作创新绩效进行细致的分析和讨论，是在联盟情境下对联盟特殊属性和合作创新特性两方面因素的综合考量，这将揭示企业联盟能力影响合作创新绩效的动态过程，为实践中开展企业管理和联盟合作提供重要的理论借鉴。

第二节　本书的问题提出

通过上述对现实背景和理论背景分析，企业间合作创新已经成为国内外企业提升自身创新能力、实现创新驱动发展的重要战略途径，联盟背景下的联盟能力和合作创新研究更是学术界和企业界的关注重点。然而，联盟合作失败率的居高不下已经成为联盟企业面临的重要困境，企业如何建立、运作和维系联盟才能把企业联盟合作创新的优势最大化？对于急需提升创新能力的中国企业而言，回答这个问题显得尤为重要。联盟能力对合作绩效和创新绩效的影响已经引起学术界的广泛关注，但各构成维度对合作创新绩效的影响以及其中的作用路径仍需要进一步深入探讨。本书将借助企业能力理论、资源基础理论和资源依赖理论等理论观点，从资源视角切入，遵循“能力—行为—绩效”的逻辑链条，解析联盟背景下企业联盟能力对合作创新绩效的作用机制。同时，情景因素是战略管理研究中的重要因素，它会在企业获得绩效过程中发挥不可忽视的作用。因此，在探讨企业联盟能力和合作创新绩效的问题时，有必要对企业的内生及外生情境因素加以考虑，明确理论使用的边界条件，增强研究结论的普适应。这将为企业在不同情境中如何更加高效地实施联盟能力，配置和应用自身及外部资源来完成合作创新目标并赢取竞争优势提供理论支持，为企业如何构建、管理和维系联盟以及提高合作创新绩效提供实践指导。

具体而言，本书将尝试从三个子问题为核心线索展开逐层探讨。

第一，企业联盟能力与合作创新绩效之间存在什么样的关系？

即便处于双边联盟的两个企业，面临着相同的联盟关系和合作环境，最终却获得不同的合作创新绩效，这种差异化绩效现象出现的原因可以归结为企业具有不同的联盟能力。因此，本书将在前人研究的基础上，从联盟整体视角结合联盟情况和合作过程对联盟能力进行定义，并将联盟能力划分为联盟构建能力、合作协控能力和关系管理能力三个维度进行阐释，就不同维度对合作创新绩效的影响展开论述，结合规范研究和实证研究进行分析，以期了解企业因为能力差异在联盟战略实施、联盟行为表现以及最终合作创新绩效上的不同表现。

第二，企业联盟能力与合作创新绩效之间的作用机制是什么，资源要素在作用机制中扮演什么样的角色?

只有明确企业联盟能力和合作创新绩效之间的作用机制，才能实现对指导理论更充分的应用。现有研究关于资源视角下企业联盟能力的绩效机制问题研究不够充分，尚未形成成熟的理论分析框架。在合作创新过程中，联盟内部必然会汇聚来自不同组织的大量异质性资源，企业会根据发展需要识别稀缺资源进行吸收并与自身资源进行融合然后应用于创新活动，同时，联盟的合作创新活动需要大量知识、信息和资本等资源投入，合作创新中资源在给企业带来优势的同时必然会形成组织间复杂的依赖关系，导致联盟合作权力的产生，并进一步作用于合作满意度和创新目标的达成。因而，在联盟合作创新的动态过程中，联盟能力能否会促进资源要素的流动和有效配置，能否激活企业从外到内的资源获取行为以及由内向外的资源承诺行为，这对联盟合作创新的完成显得尤为重要。由此，本书将资源获取和资源承诺引入联盟能力理论分析框架中，基于“能力—行为—绩效”的逻辑链条，进一步探索资源获取和资源承诺在企业联盟能力影响合作创新绩效过程中发挥的中介作用，构建相关概念模型。

第三，上述作用机制是否会受到内生和外生情境因素的影响而呈现差异化?

企业能力的发挥受到情景化因素的影响，结合联盟的特殊情境，本书选取企业内部情境要素管理者解释和外部情境要素联盟黏性两个调节变量，从管理者认知视角和权变视角出发，考察在不同情境中企业联盟能力对资源获取和资源承诺的作用是否存在差异，并分析资源获取和资源承诺中介作用如何受内外部情境因素的影响。通过多元回归分析进行相关实证研究，对内外部环境要素在联盟能力对合作创新绩效的影响机制中如何发挥调节作用进行分析和验证，从而为中国企业联盟合作创新的战略制定与现实实践提供相关参考和建议。

第三节　研究框架

一　技术路线

本书按照“提出问题—分析问题—解决问题”的研究逻辑，将研究内容分为三大部分。

首先，对本书的现实背景和理论背景进行详细讨论，在此基础上提出本书的核心问题，并根据提出问题构建研究逻辑框架，对技术路线进行设计并进行研究方法的选定和各章节的安排；根据所要研究的问题开展文献回顾，对涉及的企业能力理论、资源基础理论、资源依赖理论等相关理论以及联盟能力、资源获取、资源承诺以及合作创新绩效等相关变量进行文献梳理，整理已有观点，进一步确定研究视角；最终，基于现实中联盟企业合作创新失败风险较高的困境，提出“企业联盟能力如何影响合作创新绩效”这一核心问题。

其次，通过对各个子研究循序渐进的论述，系统地呈现本书需要解决的研究内容。对前因变量联盟能力进行内涵界定和维度划分，构建联盟能力三个维度对合作创新绩效影响的理论模型，并提出资源获取和资源承诺在影响机制中发挥的中介作用以及内外部情景因素的调节效应，最终通过问卷调查来验证和分析提出的各个假设。

最后，进行总结和展望，对各项子研究的研究结果进行梳理和讨论，提出本书的主要理论贡献和实践启示，并针对研究过程中存在的不足进行陈述，提出未来研究需要注意和值得进一步探讨的方向。

基于上述逻辑分析，本书技术路线框架如图 1-1 所示。

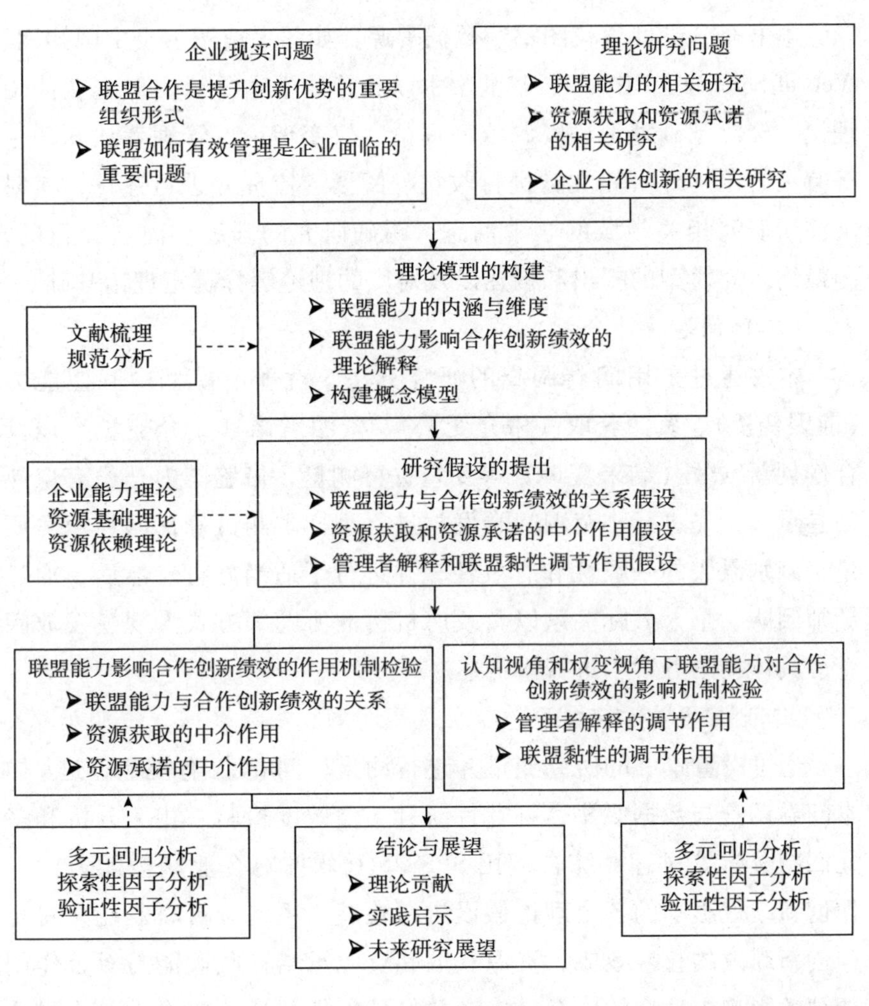

图 1-1　技术路线框架

二　研究方法

根据研究问题和研究思路，本书将结合定性研究和定量研究方法，首先进行文献回顾并对已有研究观点进行梳理；其次通过问卷调研和实证分析来检验提出的命题，结合理论与实证结果对命题假设进行说明；最后对本书的结论和观点进行陈述。

（一）文献研究法

本书充分借助学校图书馆数据资源，如图书馆图书、中国知网、Web of Science、EBSCO、谷歌学术以及其他学术平台，对企业能力理论、资源基础理论、资源依赖理论、权变理论、管理者认知理论等有关的国内外研究文献进行收集、阅读、梳理并进行述评，实时关注所研究相关领域的学术动态，明确研究的问题、内容和目的，为最终研究模型的提出和构建以及对应的理论解释奠定理论基础。

（二）问卷统计分析

本书通过采用问卷调查的研究方法，对理论模型中联盟能力（前因变量）、资源获取（中介变量）、资源承诺（中介变量）以及合作创新绩效（结果变量）等变量进行测量，借鉴国内外已有成熟问卷量表，先进行小范围问卷发放进行小样本测试确保问卷填写质量，判别量表的一致性和有效性，并进行了适当修订。然后，通过导师团队、个人人际关系以及政府机构的协助等方式大规模发放问卷，具体在第五章中进行了详述。

（三）定量实证研究

通过设置本书的研究变量并进行测量、问卷小样本测试、大样本问卷调查与数据收集、描述性统计、信效度检验、相关分析和多元回归分析等过程，综合运用 SPSS25.0 软件对企业联盟能力对合作创新绩效影响的各个理论假设进行检验，系统分析联盟能力对合作创新绩效的直接效应、资源获取和资源承诺在联盟能力对合作创新绩效影响中发挥的中介效应，并检验内外部情境要素进一步讨论内外部情景要素对上述直接效应和中介效应发挥的调节作用，得出相应的研究结论。

（四）规范分析法

结合联盟合作情境中企业联盟能力的具体实践，本书在系统梳理、分析、综述相关国内外研究文献的基础上，运用规范分析方法对定性分析和定量研究所得出的假设关系与作用机制进行陈述和总结，并对企业联盟管理和合作创新战略提出具有指导意义的对策建议。

三 章节安排

根据上述逻辑安排，本书共分为七个章节，如图 1-2 所示。

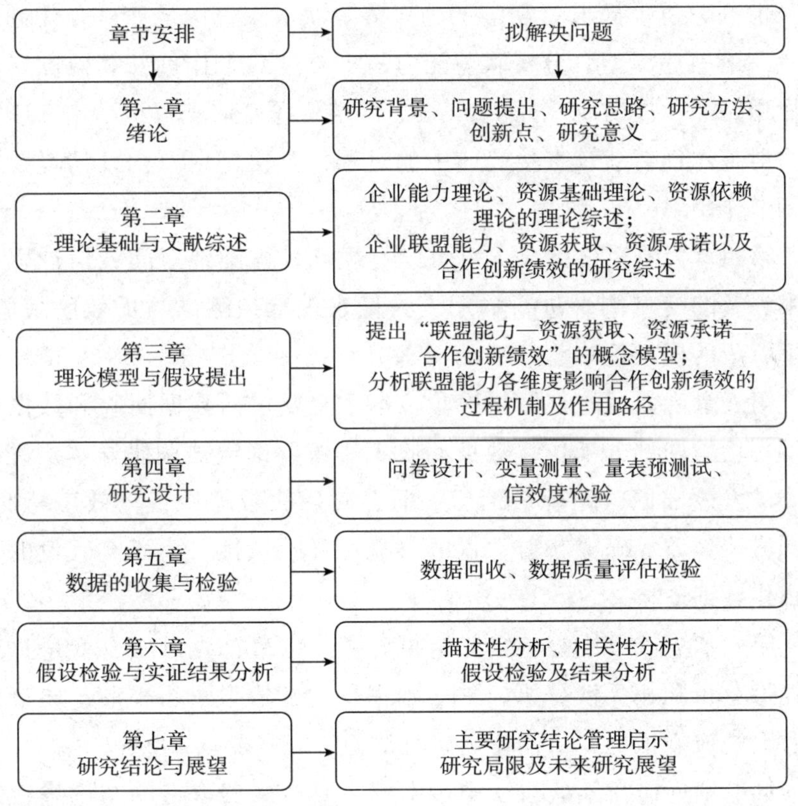

图 1-2　章节安排

第一章为绪论。本章首先从实践和理论两个方面对研究背景进行阐释，提出本书的研究问题，对研究技术路线、章节安排、所采用的研究方法进行说明，并对本书的主要创新点进行总结。

第二章为理论基础与文献综述。本章首先对本书的理论基础即企业能力理论、资源基础理论、资源依赖理论相关研究进行综述，对联盟能力、资源获取、资源承诺以及合作创新绩效变量的已有研究进行回顾和总结，最后述评现有研究成果和不足，为构建概念模型和进一步研究提供理论支撑。

第三章为模型构建与假设提出。本章先对本书的前因变量联盟能力进行内涵的界定和构成维度的划分；根据“能力—行为—绩效”的理论逻辑提出“联盟能力—资源获取、资源承诺—合作创新绩效”的概念模型，分析联盟能力三个维度对合作创新绩效的影响及作用路径，提出25个研究假设，厘清资源获取和资源承诺在联盟能力对合作创新绩效直接效应中的过程传导机制以及内外情境要素的调节作用。

第四章为研究设计。本章科学、规范且详细地对问卷设计以及本书涉及的变量测量进行展示，为量表进行预测试与信效度检验，为下一步的模型检验奠定基础。

第五章为数据的收集与检验。本章主要包括数据回收和数据质量评估检验两部分工作，数据回收工作主要确定被调研样本，说明问卷的发放和回收情况；然后，通过对回收数据进行信效度检验、共同方法偏差等确保获得数据的可靠性和有效性，为研究假设的验证提供数据支持。

第六章为假设检验与实证结果分析。本章首先对所有变量进行描述性分析和相关性分析，并对本书提出的假设进行检验，验证研究假设的成立情况，从而得出研究结论。

第七章为研究结论与展望。本章主要对本书取得的结论进行总结和归纳，对相关论点进行丰富的讨论，并以此为基础提出管理启示和相应的实践建议。最后提出本书研究的不足之处，指出在未来研究中值得注意和可以进一步探讨的内容。

第四节 创新之处

本书从企业能力理论、资源基础理论等相关理论出发，遵循“能力—行为—绩效”的分析逻辑，从资源视角出发围绕企业联盟能力如何影响合作创新绩效这一问题，构建了资源获取和资源承诺的双中介效应模型以及内外情境要素的调节效应模型，进行严格、科学和规范的研究设计，通过样本采集并对其进行多元回归分析，验证了企业联盟能力影响合作创新绩效的相关研究假设。根据综合逻辑推导和实证检验，本书可能的理论创新点在于：

第一，基于联盟合作情境，提出了企业联盟能力不同的内涵和维度。

自 Gulati 在 1995 年提出“联盟能力”这一概念，学者开始在战略管理领域对联盟能力的概念和维度进行了不同角度的界定。历经十余年的研究，目前对企业联盟能力的相关研究取得了丰硕的成果，但学术界对于其内涵及构成维度并未达成一致。本书基于联盟合作情境，结合双边联盟和联盟组合视角，进一步厘清了企业联盟能力内涵并对其进行维度的重新划分，指出联盟能力是企业构建有利于自身发展需要的联盟关系并对整体联盟网络和合作进行有效管理以获取竞争优势和提升绩效的能力，赋予联盟能力更加真实、广泛和准确的概念和意义；从过程和构成要素两个角度提出了联盟能力新的划分维度：联盟构建能力、合作协控能力和关系管理能力，并验证了其测度方式的科学性和合理性。

第二，在深化企业联盟能力与合作创新绩效关系研究的基础上，创新性地提出资源要素在企业联盟能力与合作创新绩效关系中的中介作用，拓展了相关理论边界。

资源基础理论认为，资源是企业的基础，而能力理论认为能力是企业发展的关键（马鸿佳等，2008），本书将企业联盟能力与资源要素进行关联，从资源视角解析了企业联盟能力如何作用于合作创新绩效的本质过程，将资源的摄入和资源的流出放入同一研究框架，并对其发挥的中介机制进行了讨论。已有研究表明，企业依靠自身的联盟能力，利用合适的程序与机制与其他企业进行资源的交换、转移，可以更好地调用联盟资源，加强联盟活动，提高企业自身的资源积累（Nielsen and Nielsen，2009），却鲜有研究将联盟能力过渡到真正决定企业合作创新优势的资源要素上来，更是缺乏从系统视角和逻辑过程上来认识联盟能力影响企业合作创新绩效的传导机制（前因与后果、目标与途径）。深入讨论和把握联盟能力如何影响企业资源要素由外而内的获取和由内而外的承诺并进一步作用于合作创新绩效，这将丰富战略联盟中创新合作管理的研究视角，为新时期企业能力提升、资源管理以及联盟合作提供理论指引与实践佐证，弥补现有文献的研究空白。

第三，详细阐释了管理者解释和联盟黏性作为情境因素在企业联盟能力对合作创新绩效作用机制中的调节作用，丰富了联盟能力理论的适用情境。

在战略管理理论研究领域，情境要素是需要考虑的关键要素。为进一步探究“企业联盟能力如何影响合作创新绩效”这一核心问题，明确理论分析所适用的情境条件，本书从组织内生视角和外生视角两方面出发选取管理者解释和联盟黏性两个情境变量进行实证分析，验证了联盟能力对资源获取和资源承诺的作用效果在不同的管理者解释和联盟黏性特征下会存在一定的差异，资源获取和资源承诺的中介效应亦会受到管理者解释和联盟黏性两个调节变量的影响。

第二章

理论基础与文献综述

本书的核心问题是探究企业联盟能力对合作创新绩效的影响。战略联盟的特殊属性为联盟内主体间合作创新提供了更加稳定的空间，在联盟合作过程中，企业联盟能力如何影响合作创新绩效，资源要素这一“看不见的手”在企业联盟能力与合作创新绩效中如何发挥作用，企业内生管理者要素和外生联盟情境要素又是如何影响企业联盟能力与合作创新绩效之间关系的，这是本书即将探讨的问题。本章将对上述问题所涉及的主要理论和变量进行文献回顾，对企业联盟能力、资源获取、资源承诺和合作创新绩效进行归纳和讨论，围绕四部分展开：介绍本书的理论基础，系统追溯企业能力理论、资源基础理论和资源依赖理论的发展脉络；对企业联盟能力的已有研究进行分析，重点从企业联盟能力的概念和内涵、结构测量以及影响结果三方面进行概括；对资源理论包括资源获取和资源承诺的内涵及相关研究进行梳理；综述企业合作创新绩效的内涵及影响因素等已有研究成果。围绕上述内容对其归纳梳理，探寻理论空白，奠定本书的理论基础。

第一节　本书相关基础理论

一　企业能力理论

从新古典经济理论开始，学者把企业视为“黑箱”进行研究，将分析对象延伸到了企业内部。战略管理理论和竞争理论均指出，企业的竞争优势源于企业内部（Chandler，1977），之后资源观的企业理论成为战略管理领域的主流，强调资源是影响企业竞争优势的关键因素（Wernerfelt，1984），构建了资源和竞争优势之间的理论框架。随着对企业的深入研究，一些学者开始对传统的资源观企业理论提出了疑问，并进行质疑、反思和补充，能力观企业理论就在学者们的研究基础上诞生。企业能力理论（Capabilities Theory of Firm）认为，能力和资源两者之间最明显的区别就是能力是以“人”为载体，企业能力是通过整合组织内部的各种异质性资源而形成的，只有拥有有效利用资源背后的能力，才能保证企业日常经营和绩效提升（Park，et al.，2004）。Selznick（1957）最早对独特能力进行了讨论，但当时学术界针对企业能力的界定还缺乏严谨性。Richardson（1972）首次提出了企业能力的概念并对企业能力进行了划分，他指出企业能力源于企业知识、经历和技能的积累，与企业的日常活动息息相关。Barney（1991）将资源和能力结合在一起进行研究，认为企业能力是企业将其潜在资源转化为活动和行为的能力。Grant（1999）认为，企业能力是企业在执行任务和日常经营时通过对资源的获取和利用进而获取竞争优势的能力。

从 20 世纪 90 年代中后期开始，学者的研究重心开始转向企业的某些特定能力，对企业特定能力的研究进行了扩展。Prahalad 和 Hamel（1990）在对美国 GTE 公司和日本 NEC 公司进行对比分析时，提出了能力和核心能力的概念，指出这是导致企业间存在竞争优势差异的决定性因素。面对外部环境的快速变化，Teece（1997）

首次提出了企业动态能力理论，主要是指面临迅速变化的外部环境时，企业整合、建设和重构现有能力的能力，之后许多学者加入动态能力的研究中来，证实在技术快速变化以及未来前景难以预测的市场环境中，较高的动态能力可以有效提高战略变化速度并扩大战略变化幅度以更好地生存和发展。Zollo 和 Winter（2002）把企业的能力概括为显性知识的明确化和经验的长期积累，认为企业在激烈竞争环境中保持竞争优势的关键是更新知识，之后 Heflat 和 Peteraf（2003）进一步将企业能力的研究应用到知识传递和组织学习的领域。Dyer 和 Hatch（2010）将企业能力拓展到网络关系的研究中，探讨了网络制式资源对企业绩效的影响，研究表明企业的资源和能力是特定于关系中且不容易发生转移。之后大量的学者展开了对企业能力的深入研究，证实企业能力对企业的日常管理行为发挥着重要作用，与企业能否获取竞争优势和提升组织绩效息息相关。

二　资源基础理论

资源基础理论的提出最早可追溯到 Penrose 的研究中，随后 Wernerfelt（1984）、Barney（1991）、Conner（1991）都进一步对资源基础观进行了讨论和完善。企业资源被定义为企业可获得的、能够有效地转变为对某些细分市场具有价值的产品等任何有形或无形的实体（Hunt and Morgan，1995），既包括有形资源，如财务或者物质资源等，也包括无形资源，如信息、技术、知识、人力资源等。资源基础理论强调的是企业资源的重要性，认为企业建立持续竞争优势并取得收益的重要因素就是企业拥有的关键性资源。资源基础理论（Resource-based Thoery）的基本论点是，资源在各个企业之间存在显著的不同，每个企业的资源集在某些方面都是独特唯一的（Wittmann，et al.，2009）。并且，由于某些资源不容易在市场上购买、出售和交易，不具备转移性，因此，企业的资源异质性可以随着时间的流逝而持续，而给企业带来差异化的绩效（Dierickx and Cool，1989；Das and Teng，2000）。简言之，企业拥有、管理、开发、使用、组织以及进一步吸收和转化的资源是建立竞争优势的决定性因素。此外，企业要想获得更好的绩效，就需要将资源正确地匹配和运用到特定领域，对合适领域投入资源也是企业创造并实施战略进而提升自身效率和效益的基础（Daugherty，et al.，2005）。

资源基础理论的观点认为，对于商业战略联盟而言，联盟战略就是不仅要利用现有的资源创造最大价值，而且需要与他人的资源进一步结合以获取最大化收益。研究表明，战略联盟的成功在很大程度上受到以下因素的影响：①每个合作伙伴贡献给联盟的资源；②联盟创造新资源的程度（Park，et al.，2003；Das and Teng，2000）。但是，并非合作伙伴贡献的所有资源对出色的联盟绩效都至关重要。联盟伙伴的资源可以是“重叠”或“不重叠”的，重叠的资源可以对联盟具有一定的作用（补充资源），也可以不存在意义（盈余资源）；类似的，非重叠资源可能对联盟具有一定的意义（互补资源），也可能不具有价值（浪费资源）（Daugherty and Richey，2005）。研究表明，企业贡献出的补充性资源会满足合作的资源需求，对联盟的成功尤其重要（Sarkar，et al.，2001）。Jap（1999）在研究中指出，拥有互补资源的合伙人可以合作产生优于任何一家企业单独努力的成果，因此，在联盟过程中应该忽略其他合作困难，专注于战略成果。除了合作伙伴为战略联盟带来的资源外，有些联盟亦会积极开发新的资源。这些“特质”资源包括：①在联盟存在期间开发的；②通过联盟合作伙伴各自的资源创建的；③联盟独有的。遵循资源基础观的观点，Das 和 Teng（2000）提出，当联盟伙伴获取资源并进行整合（开发特质资源）时，就会产生协同效应，继而在整合条件下创造出更大的价值。Lambe 等（2002）进一步通过实证研究发现，这种特质资源是联盟成功的重要因素。

三　资源依赖理论

资源依赖理论（Resource Dependence Theory）最早由《组织的外部控制：一个资源依赖视角》一书的作者 Pfeffer 和 Salancik 提出，到今天为止已经发展成为战略管理领域最具有影响力的理论之一。Pfeffer 和 Salancik（2003）将组织行为的研究视角由组织内部要素转移到其对外部环境的依赖结构上，他们认为，外部环境对组织的发展具有重要影响，外部环境中存在组织需求的资源，使组织与环境产生一定的依赖关系。Ulrich 和 Barney（1984）对资源依赖理论进一步进行补充，他们指出，组织是由内部结构和外部联盟两部分构成，组织可以通过外部环境获取对生存至关重要的稀缺和有价值资源，同时通过参与联盟活动以及合资伙伴等方式来规避外部资源获取的不确定性风险。随后，Pfeffer（1987）对资源依赖理论以及组织间的相互关系表达了更多观点，他认为，由于组织间的相互依赖，其他组织在进行经济活动时会给本组织带来一些不确定性后果，会对本组织的竞争优势以及生存空间产生一定影响。

企业组织作为一个开放的系统，它的生存和发展取决于其从周围环境中获取资源的能力。根据需求，企业不断地从外部环境或者通过其他组织来摄取所需要的原材料、人力财力和信息技术等关键资源，以提升自身绩效并建立竞争优势。不容忽视的是，在资源获取过程中，资源的需求方会逐渐形成对资源输出控制方的依赖，尤其当企业所需资源稀缺性程度提高时会直接导致组织对资源控制方的依赖程度的提高，进而使组织在外部环境中拥有不利的依赖结构和权利位置（斯格特和黄洋，2002）。因此，从某种程度来讲，企业如果想要提升自身竞争优势，需要吸收外部资源的同时又必须尽可能降低对外部环境的资源依赖，并不断地提高自己对外部资源网络的控制。因而资源依赖理论强调的就是：①控制资源并最大限度地减少对其他组织的依赖；②对资源加以控制，加大其他组织对自己的依赖最大化。Hillman 等（2009）在研究中指出，组织必须对外部环境做出反应并形成有利于本组织的权利和依赖结构以最小化本组织资源获取的不确定性风险，这种观点得到学术界的普遍认可。总之，资源的复杂性和稀缺性是资源依赖理论产生的根本原因。由于自身发掘资源的限制，组织需要与其他组织进行资源互动，这种互动使组织与外部环境依赖关系得以建立，同时互动过程存在很大的不确定性，因此，为了积极应对和掌控组织所需的关键资源，组织需要制定一系列的资源战略，并最大限度地降低从外部获取所需资源的成本（Drees and Heugens，2012）。因此，在对战略联盟进行研究时，应对组织对联盟外部环境的依赖关系加以关注。在应对企业对外部资源依赖的这一问题时，可以从两方面进行改善，一是降低本组织对外部环境的依赖程度；二是提高自身在联盟中的贡献程度。也就是说，在联盟合作过程中，企业需要对资源的流动加以平衡，一方面控制自身对联盟资源的依赖，另一方面把握自身在合作中的资源输出，进而在联盟中占据有利的资源权力位置。

第二节　企业联盟能力相关研究

近年来，经济全球化趋势愈加明显，各行各业技术变革的速度增快，单靠个体实力在激烈竞争中生存和取胜越发困难，越来越多的企业选择缔结战略联盟以应对严峻形势。建立战略联盟的动机有很多，如获取互补资源、能力交换、知识共享、开发新市场以及降低成本和风险等（Beamish，1997；Rothaermel and Deeds，2006）。然而，尽管联盟企业目标相类似，但不同企业在联盟合作中所获取的收益和价值却不尽相同，差异的原因可以归结为企业对战略联盟具有不同的解读和应用能力，这种能力关乎企业能否充分有效地利用联盟吸收和创造出有效价值，能否更加高效地通过战略联盟的优势来提升自身实力。

一　联盟能力的概念及界定

自20世纪90年代开始，企业联盟能力（Alliance Capability）开始受到理论界的广泛关注，逐渐成为企业能力理论的重要分支。学术界对联盟能力的研究起源于合作能力（Collaborative Ability），随后学者采用如联盟能力、联盟管理能力、联盟组合管理能力等不同的名称，但其本质内涵都可以归结为联盟能力的范畴。联盟能力能够帮助企业有效地确立联盟惯例、流程和合作机制，协调联盟企业间竞合关系，对联盟活动进行有效管理，促进联盟成员知识的转移和积累以及资源的流通，使联盟企业达到初始期望的结果，对整个战略联盟的成功运营发挥极为重要的作用，被认为是企业竞争优势的重要来源（Nielsen and Nielsen，2009）。学术界对联盟能力的研究脉络经历了概念定义、结构维度、前置因素等方面，近些年，基于不同情境和视角下联盟能力对企业绩效的影响机制和路径更引起理论界的研究热情。

Gulati 在 1995 年对社会结构如何影响企业间联盟方式进行研究时最早提出了联盟能力（Alliance Capability）这一概念，他认为企业联盟能力源于企业间自愿结成的合作机制，这种合作机制会带给企业结盟伙伴能力和信誉的信号，成为竞争优势的重要来源。自此之后，学术界开始关注联盟能力，学者纷纷从不同角度对联盟能力的概念和内涵展开深入讨论。通过文献梳理，将被后来学者引用较多的具有代表性的研究进行总结，汇总情况如表 2-1 所示。

表 2-1　具有代表性的联盟能力概念、内涵

作者	年份	概念
Teece	1997	联盟能力是企业应对外部环境变化，整合、建立和重构竞争力的能力，会根据战略联盟动态演化而有所不同
Simonin	1997	联盟能力是企业通过学习获得的能够有效管理联盟生命周期各个阶段活动的认知、行为和组织能力，是帮助企业组建和管理联盟并获取竞争优势的动态能力，是联盟成功的关键
Gulati	1998	联盟能力是识别有价值的联盟机会和伙伴、构建合适的联盟治理机制以及进行必要投资的能力
Anand、Khanna	2000	联盟能力是企业利用联盟创造价值的能力，是企业的异质性资源
Eisenhardt、Martin	2000	联盟能力是企业在联盟中获取和释放资源的动态能力

续表

作者	年份	概念
Kale 等	2002	联盟能力是企业积累、存储、分享和整合联盟成员的经验和知识的能力，更侧重于联盟经验对联盟能力的重要意义
Lambe 等	2002	联盟能力是企业在联盟中获取异质资源，并将现有资源进行整合创造新资源的能力，这种能力将会对联盟的高效运营具有重要意义
Draulans 等	2003	联盟能力是企业成功构建联盟并顺利运行的能力，包括企业如何管理战略联盟以及如何在联盟中进行知识的转化、吸收、整合和扩散，强调联盟的过程视角
Heimeriks、Duysters	2003	联盟能力是企业获取、共享、传播和应用联盟管理诀窍和惯例的能力
Heimeriks	2004	联盟能力是促进企业识别伙伴、建立关系或者重构联盟以及联盟网络的能力，是一种特别的资源

资料来源：笔者根据文献整理。

由表 2-1 可知，一部分学者赋予联盟能力更加宏观的概念和内涵，认为企业联盟能力是企业贯穿在联盟建立、联盟维系到联盟终止整个过程的动态能力，体现在企业对合作伙伴的识别和选择以及对联盟关系的协调、优化和终结等方面（Simonin，1997）；另一部分学者将联盟能力基于操作层面进行研究，单纯地考虑企业在建立起战略联盟之后有效地面对问题和解决问题的细节行为，比如将联盟能力看作企业重要的异质性资源，从知识视角对其进行界定等，这些关注点主要集中在企业组建联盟后在联盟合作中的协调能力、沟通能力、资源吸收、目标完成等具体细节。

国内学者亦从中国实际情境出发，对企业联盟能力的定义和内涵进行解读。李元旭和唐林芳（1999）通过提出知识联盟管理首次将“联盟”与“能力”二词结合进行了描述，是国内“联盟能力”研究的雏形。李焕荣和林建（2001）对知识联盟如何培养企业的核心能力进行分析，认为企业可以通过建立的知识联盟对知识进行学习、吸收并进一步应用创新进而培育核心能力。郑胜华和徐金发（2005）提出，联盟能力具有动态能力的属性，可以将其分解为战略、结构、认知和关系能力。梁秀霞（2012）从战略联盟主体视角，将联盟能力定义为企业吸收、转移、整合以及创新的能力。蒋维平等（2017）根据产业技术创新联盟演化的不同阶段，将联盟能力解读为初建期的感知学习能力、成长期的整合转化能力和成熟期的重构重组能力。

除了宏微观不同层面对联盟能力进行界定之外，学者还基于双边层次和多变层次给予联盟能力不同的定义和内涵。回顾文献，早期学者大多从传统单一联盟即联盟双边层次关系（Dyadic Level）的构建和管理等角度对联盟能力进行研究。近些年，随着对战略联盟的深入讨论，越来越多的学者认为联盟能力不应局限于企业对双边联盟的构建、管理和运营，还应该包括对企业一系列联盟组合进行统筹和协调，进一步地，学者开始突破传统的单一战略联盟视角，转向更加全面的联盟组合和联盟网络等方向，联盟能力逐渐被学者基于多边视角赋予更加宽泛的意义和内涵，并在后续研究中陆续提出一系列概念如联盟管理能力（Alliance Management Capability）、联盟组合管理能力（Alliance Portfolio Management Capabilities）等。Rothaermel 和 Deeds（2006）指出，联盟管理能力是企业有效利用战略联盟建立组织间关系的能力，是企业竞争优势的重要来源。Wassmer（2012）将联盟组合管理能力定义为企业在管理双边联盟的基础上对整个联盟组合进行有效管理的核心能力。Hoffmann（2007）认为，联盟能力是企业扩展现有联盟，建立新联盟，并妥善处理和协调联盟组合中复杂关系和具体活动的一种能力。国内学者薛捷和张振刚（2017）基于中国创新型企业，从动态能力视角出发对技术联盟能力进行分析，将联盟组合协调能力作为联盟管理能力的五大要素之一。芮正云和罗瑾琏（2017）在对中国新创企业联盟能力进行研究时指出，联盟能力应将单个联盟和联盟组合两种视角进行结合，它不仅包括某一联盟内部关系构建与管理，还应关注不同联盟之间的关系协调。

通过上述国内外学者的研究不难发现，从企业单一联盟双边层次关系对联盟的成功进行阐释已远远不够，鉴于越来越多的企业与多个伙伴建立起多边联盟，考虑到现有联盟的多元复杂网络特征，本书将从多边视角出发，不仅考虑企业单一联盟二元关系的构建和管理，还将关注企业组建多个联盟组合时对现有联盟之间的兼容性以及联盟间的关系协调等方面，结合宏微观层面进行综合讨论。借鉴已有研究，本书将联盟能力定义为企业构建有利于自身发展需要的战略联盟并对整体联盟网络进行有效管理以获取竞争优势和提升绩效的能力。

二　联盟能力的结构及测量

现有研究从单一联盟、多边联盟以及联盟组合等不同视角对联盟能力的概念进行界定，由于其本身的复杂性和难以度量性，当前还没有统一公认的内涵，国内外学者对联盟能力的结构以及维度亦从不同视角进行了讨论。Schreiner 等（2009）认为，对联盟能力的研究主要包括两方面：一方面研究解释企业如何开发这项能力的过程机制，另一方面旨在确定构成这项能力的具体要素，学者也围绕上述两方面对联盟能力的结构和维度进行了解读。

（一）联盟能力的过程视角

学者 Simonin（1997）根据战略联盟的周期阶段，将企业联盟能力划分为识别和选择伙伴、谈判协调、监督控制、知识流动和联盟终结五个部分。Gulati（1998）强调了联盟惯例对联盟过程的重要意义，认为联盟能力是由识别联盟机会和联盟成员、建构合理的管理机制、建立资源分享机制和进行专用性关系资产投资四个方面构成。Sarkar 等（2009）将联盟能力定义为一种动态能力，并将其划分为联盟伙伴选择、联盟关系管理以及组织协调三个维度。Sluytset 等（2011）根据战略联盟的存续周期将联盟能力概括为战略规划、伙伴寻找、联盟创立、联盟运营和联盟评估五个部分。郑胜华和丁元杰（2016）认为，联盟能力是企业为获取异质性资源而识别、甄选和构建并不断调整联盟伙伴的动态能力，将其分为联盟构建能力、联盟学习能力和联盟管理能力三个维度。芮正云和罗瑾琏（2017）在对新创企业联盟能力进行研究时兼顾企业的双边联盟和联盟组合，根据联盟活动过程将联盟能力划分为联盟构建能力与联盟管理能力两个维度，其中联盟构建能力是指企业在所嵌入的外部网络中快速识别联盟机会和联盟伙伴的能力，联盟管理能力是企业保持和提升与联盟伙伴直接关系质量的能力（Wassmer and Dussauge，2012；Leischnig，et al.，2014）。

（二）联盟能力的构成要素视角

Schreiner 等（2009）从构成要素视角将企业联盟能力划分为三个维度：与联盟合作伙伴沟通交流能力、协调联盟活动的能力以及维护联盟成员间私人关系的能力。其中，沟通交流能力是指与联盟伙伴进行信息和知识的传输和共享；协调能力是指对联盟伙伴间执行任务进行有效的识别、明确和控制；关系维护能力是指加强与合作伙伴间的联系和凝聚力。Kale 和 Singh（2000）表明，联盟管理只有通过一个学习的过程才会变得有效，这个学习的过程包括交流、整理、共享和吸收等多方面。Schilike 和 Goerzen（2011）通过 204 家企业的数据确定了衡量联盟能力的五个要素：联盟组织间协调、联盟投资组合协调、联盟内部学习、联盟积极性以及联盟的合作转型。国内学者郑胜华和徐金发（2005）认为，联盟能力是一种综合的能力，基于资源基础理论和动态能力理论将联盟能力划分为战略、结构、认知和关系四个维度。闫立罡和吴贵生（2006）将联盟能力划分为四个要素：接受能力、吸收能力、整合能力和创新能力。周杰（2014）根据联盟能力的来源，采用联盟经验、联盟职能部门和联盟机制三个方面作为联盟能力的替代变量来分析联盟能力对知识转移的影响。关健和王先海（2015）针对双边层次能力与企业绩效、合作满意度的关系进行了研究，将联盟能力划分为协调能力、沟通能力和关系能力三个维度。

通过回顾相关研究文献可以发现，学者大多从上述两方面对联盟能力的结构和测量进行分析和验证。联盟能力的实践往往伴随战略联盟的形成与发展的整个过程，同时战略联盟动态发展过程的不同阶段又对应着联盟能力的不同内容和要素。Rothaermel 和 Deed（2006）在研究中指出，测量联盟管理能力是一项复杂的任务，应该将重点放在其决定因素或实际效果上，需要综合多方面要素进行考量。

三　联盟能力的绩效

联盟能力对联盟成功以及联盟企业绩效具有重要意义，已有研究从竞争优势、社会网络、知识流动以及传导机制等角度进行了分析。

联盟能力对联盟的成功和高绩效收益具有积极的作用。Kale 等（2002）研究了联盟能力对联盟长期成功的影响机制，发现丰富的联盟经验有益于企业培育良好的联盟构建能力，并通过对联盟行为的合理协调来最大化获取知识进而提升联盟绩效。Schreiner 等（2009）基于动态能力理论，从企业内部出发对影响企业联盟成功的差异因素进行了研究，认为企业自身的联盟能力对战略联盟的成功与否起着决定性作用。杨建华等（2015）以物流联盟为研究对象，对联盟管理能力与竞争优势、联盟绩效的作用机制进行了实证分析，结果表明联盟管理能力会显著提高联盟绩效，而竞争优势在两者关系中扮演着较大比例的中介作用。

联盟能力会提升企业绩效。周杰和张卫国（2012）分析指出，较强的联盟能力会帮助企业获取更多的有形利益和无形利益，从而构建起自身的竞争优势，对企业绩效具有正向影响。Tina（2011）研究发现，优异的联盟能力可以促进企业联盟成员间关系质量的提升，并进一步帮助企业构建自身优势。关健和王先海（2015）以三一重工、中联重科和山河智能三家工程机械类企业为案例研究对象，对双边层次联盟能力的构成维度以及影响效应进行讨论，结果表明联盟能力对企业绩效和合作满意度具有正向影响，但对两者的影响程度会有所不同。

还有学者将联盟能力作为分析战略联盟行为的中介变量进行研究。彭伟和符正平对中国转型经济情境下新创企业的联盟实践情况进行研究，通过实证证实，新创企业创业导向会对企业的联盟能力产生正向影响，并通过联盟能力进一步影响企业联盟网络中的关系强度和中心性位置（彭伟和符正平，2013）。蒋维平等（2017）对产业技术联盟的网络特质对创新绩效的作用机制进行研究，将动态视角下的联盟能力作为联盟网络特征对创新绩效的中介变量进行分析，结果表明联盟能力在联盟网络结构、网络关系和主体特征与企业创新绩效之间起到中介作用。薛捷和张振刚（2017）基于动态能力视角，探讨了联盟管理能力在联盟发展、联盟经验和联盟组织结构影响联盟价值的中介作用。

因此，通过对相关研究进行回顾，联盟能力会带给联盟企业一系列的优势，比如最大化获取联盟中知识、调整资源分配并占据优势地位、优化联盟关系质量等，这对完成联盟活动目标和达到预期联盟绩效起到关键作用，更是企业达成联盟目的和期望收益并获得竞争优势和提升绩效的重要能力。

第三节　资源理论相关探究

一　资源的概念及分类

Wernerflect（1984）指出，资源是在既定的时间内，被看成能给企业带来优势或者劣势的东西，既包括无形的东西，也包括有形的东西，例如资金、设备、知识、经验、声誉和品牌等。根据资源基础理论，资源具有稀缺性、不可模仿、难以替代和差异性等特征，是企业间竞争的动力源泉，是企业在竞争中占据优势的原动力。资源通常包括物质资源、资金资源、人力资源、知识资源、技术资源、市场资源和组织资源等多种类别。Miller 和 Shamise（1965）将资源分为基于财产的资源和基于知识的资源，Grant

(1991) 将有形资源与无形资源进了区分，Das 和 Sen（1998）确定了四种特殊的资源，即财政、技术、物质和管理资源。不同学者对资源的划分参照了不同的依据，举例如表 2-2 所示。

表 2-2　　　　资源的类型

分类依据	资源类型	描述及特点	文献来源
宏微观层级	战略性资源	多指无形资源，例如知识资源、品牌资源和技术资源等	Das 和 Teng（1998）
	运营类资源	多指资产类资源，主要是指企业日常生产经营中的有形资源，如资金、机器设备和人力等	
资源形态	有形资源	产品、机器设备、厂房和办公楼、原材料等	Wernerfelt（1984）；Hitt 和 Ireland（1991）
	无形资源	商誉、专利、企业文化、创新能力、知识、经验等	
资源属性	物质资源	机器、原材料、商品等	Barney（1991）；Haber 和 Reiche（2005）
	人力资源	管理者和员工的智力、经验、知识、研发能力、学习能力等	

资料来源：笔者根据文献整理。

二　资源获取的内涵及测量

资源获取（Resource Acquisition）这一概念的理论渊源最早可以追溯到以 Barney 为代表的资源基础理论学派。根据资源基础理论的相关内容，资源获取被解释为企业或个人通过某种方式获得所需的、必要的关键资源。基于资源观的联盟研究发现，为弥补自身资源的有限性，企业可以通过构建战略联盟来获取合作伙伴的互补性资源，以获取持续竞争优势（Lunnan and Haugland，2008）。也有学者将资源获取作为资源整合的重要环节进行研究，认为资源获取是企业面向外部的一种能力（Hernaández，et al.，2017）。Bierly 等（2009）指出，在开放创新的时代背景下，企业能否有效地获取外部资源决定了企业是否具有持续竞争力。回顾已有文献，多数学者从动态过程视角出发对资源获取的定义和内涵进行界定，认为资源获取是组织积极寻找、识别、吸收和内化多种类别和不同来源的资源的过程。也有部分学者将关注点放在资源获取的效果和效率以及所获资源对企业发挥的后续意义上面，不仅考虑企业如何高效得到所需资源，还注重在得到资源之后企业对其有效利用和整合的情况等。本书在研究中结合上述观点，把资源获取看作企业能力发挥作用的一种外在体现，将其定义为企业将战略联盟利益相关者的外部资源纳入企业内部并为其所用的过程。

企业在日常生产经营中，存在多种获取资源的途径（Lusch，2003；Morrow，et al.，2007）：①企业单方面或在其他企业的帮助下直接开发资源，多指企业个人通过市场交易购买其所需要的资源。这种方式下企业根据所需发挥主观能动性，具有一定的灵活性和自主决策权，但是有些类似于知识、技术等隐性资源很难通过市场购买得到。②企业通过合并和收购等方式获取资源。通过收购股权或者资产，企业把外部资源同化为内部资源，这种获取方式的有效性在于获取资源与自身内部资源的高关联度，以更高的便捷性和更低的成本使获取资源高效地转化为自有资源。③通过战略联盟和合作关系打开获取资源的通道，共同开发资源。通过这种方式，企业可以根据战略需求有目的地寻求自己欠缺的显性或隐性资源，需要注意的是，这种方式对合作双方的目标一致性和资源互补性有一定的要求。④通过外部网络汲取资源。随着社会网络理论研究的深入，学者发现企业与外部环境、其他组织和其他个体形成的网络已经成为企业获取资源的重要渠道，网络辐射面广，资源复杂而丰富，企业通过网络与其他网络主体建立信任关系，根据战略所需来获取资源。Cai 等（2017）参考之前学者的研究后指出，新企业可以通过购买、吸引和内部开发来获取资源。叶学锋和魏江（2001）提出内部培育、合作渗透和外部并购三种资源获取方式，并阐释不同资源类型（物质资源、人力技术资源、规则资源和形象资源）对应着其最合适的获取方式。

通过阅读相关文献发现，关于资源获取的维度划分，学者从资源内容、资源效用等不同角度展开一系列研究和讨论。

多数学者按照所获取资源类别的不同对资源获取进行维度划分，其中以二维度、三维度为主。王庆喜和宝贡敏（2007）将资源获取划分为信息获取、知识获取和资金获取三个维度。刘芳等（2014）在二维度外增添了政策性资源获取维度，认为政策支持（生产许可、资金补贴、政策便利）也是外部获取的重要资源，对创业企业的成长具有重要意义。郑烨等（2018）从宏微观视角将资源获取划分为战略性资源获取和运营性资源获取两方面，其中战略性资源获取包括知识资源和政治资源等资源类型的获取，而物质资源、人力资源、资金资源、技术资源、组织资源和市场资源等类型的资源被合并归为运营性资源。李旭和李雪（2019）根据资源类别把资源获取划分为知识型资源获取和资产型资源获取两个维度。还有部分学者根据资源获取的实际效用对其进行划分。Uhlenbruck 等（2003）结合资源获取的动态过程和实际效果，将其划分为资源储存、资源链接和资源杠杆等。罗志恒等（2009）认为，资源获取包括资源获取能力和资源获取结果两个维度，其中资源获取能力是指获得显性和隐性有用资源的能力，而资源获取结果是指资源被企业获得的同时能否进一步为企业带来暂时或长久的竞争优势。相似地，陈亦悠（2015）将资源获取划分为资源获取效率和资源获取效果两个方面。

本书参考已有研究，在对联盟企业资源获取研究时，把资源获取看作连贯的决策和行为进行分析，结合前人研究视角，将资源获取的内容、方式和效用等多层次要素进行整合，根据所要关注的问题，提出新的划分维度：资源获取质量和资源获取效用。其中，资源获取质量主要衡量企业获取资源的内容，对企业获取信息、知识和资金等资源的数量和质量进行分析，考察企业在联盟运营过程中是否有充足的资源来源渠道和路径，能否根据战略所需有目的地获取各种资源；而资源获取效果是指获取上述资源后企业为其所用的情况以及达成的效果，主要考察企业花费精力、时间等成本获取的资源能否与企业进行匹配，并且协调地服务于企业，为企业带来实际的生产力。

三　资源获取的相关研究

国内外学者针对不同情境中影响企业资源获取的因素和资源获取的结果进行了分析。

（一）资源获取的前因变量

通过相关文献的梳理和总结，影响资源获取的前因变量主要有组织个体因素和外部环境因素等方面，学者在不同情境下进行了研究。企业个体因素方面，为了方便组织最大化地控制外部资源，Filipe 等（2005）研究发现，如果组织能够把自身的组织网络周围（网络位置和组织边界）处在一些关键点上，就能够有效促使组织获取资源并在组织关系内使自己处于有利地位。王益锋和王晓萌（2016）对科技型小微企业进行研究时指出，网络为企业提供了从外部组织获取资源的机会，科技型中小企业的网络能力对资源获取具有显著的正向影响。外部环境要素方面，企业外部网络的深度和广度决定了资源获取的数量和质量。王庆喜和宝贡敏（2007）指出，社会网络（感情主导网络和利益主导网络）是小企业获取所需资源的重要通道，通过实证发现，社会网络与资源获取呈正相关关系。

（二）资源获取的结果变量

根据资源依赖理论，企业从外部获取资源的能力对企业的生存和发展具有重要意义（Pfeffer and Salancik，2003）。研究表明，外部资源获取对企业绩效具有显著的正向作用（Monteiro，et al.，2011），尤其对于初创企业和中小企业而言，资源获取更是企业发展和提升绩效的关键。刘芳等（2014）研究发现，组织获取资源的种类尤其是关键性的资源会影响其成长绩效，并且这种影响呈动态加强态势。陈寒松和朱晓红（2012）通过实证发现，资源获取的数量、方式、渠道以及内外部支持对创业绩效具有重要作用。资源获取可以有效地促进创新，组织的创新得益于各种外部知识的不断获取，创业者创新绩效的成功和企业的成长依赖于外部资源的获取和应用。数据表明，当企业在技术创新方面投资率低于3%时，企业只能基本维持经营现状，因此，企业想获取长久的生存必须有一定的创新投资资源（Gassmann and Becker，2006）。张方华（2006）指出，影响企业技术创新失败的因素是多方面的，但最主要的影响因素是创新资源的稀缺，企业的信息获取和知识获取有助于技术创新绩效的提升。张永安和张瑜筱丹（2018）对252家信息技术产业上市公司进行实证分析后发现，外部资源获取可以有效刺激内部创新投入，并进一步提升企业经济绩效。

四　资源承诺的概念及内涵

承诺是交易双方获取有利结果的关键，表达了一个企业发展和保持与另一个企业合作关系的愿望，是保持长期伙伴关系的驱动因素（Morgan and Hunt，1994），包括支持某项特定交易而进行的持久性投入等一系列行为。20世纪60年代，Becker（1960）首次提出了组织承诺这一概念，从员工的角度来描述对组织投入的心理现象。之后，学术界开始对组织承诺进行深入讨论，并相继将组织承诺的研究扩展到国际化进程、供应链合作、网络组织等不同领域，以此来衡量关联组织间的关系，资源承诺（Resource Commitment）就是由传统的组织承诺这一概念衍生而来。Burgelman（1983）在研究中指出，企业的创新源于组织内部的新创意，从创意发展到创新战略都需要组织给予人力、资金和技术等资源支持，这从本质来看就是组织资源承诺的过程。张玉利和陈立新（2005）将资源承诺定义为创新过程组织向创意注入资源的意愿。李怡娜和叶飞（2013）认为，资源承诺是企业向某个项目投入的财务、人力和硬件等资源，并着重从财务资源方面对资源承诺进行衡量。许晖等（2013）指出，资源承诺是一个多维的概念，主要包括人力、资金等市场承诺以及信任、情感等关系承诺两个方面，承诺数量包括向网络的投资规模以及投入程度可以用来衡量市场承诺方面，关系承诺则用情感和联系频率等关系投入程度进行衡量（Meyer and Thaijongrak，2013）。还有学者在对企业间合作进行分析时把关系承诺作为企业间交易的心理契约，例如 Lagace 等（1991）指出心理契约产生的原因是买卖双方产生的信任以及由此产生的关系，Moorman 等（1992）发现关系承诺是交易双方维持未来有价值关系的一种倾向。谢永平等（2018）将技术创新网络中的网络承诺解释为网络中成员共同维护和促进网络长期稳定发展的意愿，是网络各主体对网络认同和支持的具体心理和行为意愿。此外，部分国内学者亦将“Resource Commitment”翻译为“资源投入”并结合中国情境进行了相关研究。联盟是集结联盟关系的特殊网络组织，作为联盟企业而言，资源承诺是企业为维护和促进联盟合作的稳定和发展向联盟注入资源的意愿。

五　资源承诺的相关研究

已有研究表明，无论在哪一领域，组织间承诺对于不同性质合作的稳定都扮演着重要角色，成为影响合作交易活动的重要因素。Dawna 等（1997）对航空公司联盟进行研究，通过实证发现某些类型的联盟活动所涉及的复杂性和资源承诺会预测航空公司联盟绩效和发展情况。Chang 和 Rosenzweig（2001）认为，自身条件和外部环境会影响组织向外的承诺，帮助组织配置相匹配的资源决策。孙红侠和李仕明（2005）指出，当前联盟成功率较低的一个主要原因是合作伙伴资源投入量较低，他们将联盟合作伙伴资源投入偏好作为衡量联盟成功率的指标，通过对联盟结构因素影响合作伙伴资源投入量的研究来指出影响联盟成功率的重要因素。Amaldoss 和 Meyer（2000）研究证实，利益分配形势会对联盟成员资源投入决策产生影响，并进一步影响联盟绩效。此外，联盟企业在技术创新网络中的网络承诺对维持联盟网络长期、健康和可持续发展具有重要作用。戴胜利等（2019）在技术创新联盟的研究中指出，资源投入是开展创新合作的重要前提条件，对联盟构建过程起到一定的调节作用，划分为人力资源、财力资源和知识资源三部分。庞芳兰和庄贵军（2015）针对渠道合作伙伴间承诺感知对企业合作关系的研究中指出，分销商承诺测量的是分销商与供应商合作关系的愿望，交易专有资产投入测量的是为保持合作关系而进行的投入以及关系结束时会遭受的损失。Ramaseshan 等（2006）通过实证研究发现，关系承诺对战略绩效有显著的正向影响。Morgan（1994）认为，交易伙伴之间的合作会因为关系承诺得到加强，关系承诺的削弱会使交易成员放弃长期合作的想法，进而对企业运营绩效产生不利影响。尽管合理的资源承诺在某种程度上可以帮助企业占据有利的权力和竞争位置，但是过多的资源承诺则会给企业带来一定的风险，比如知识泄露、信息流失等问题。

在资源承诺的结构划分方面，多数学者将其作为单维度进行测量。Glenn 等（2005）在对反向物流创新行为的研究中将资源承诺划分为财务资源承诺、技术资源承诺和管理资源承诺三个方面。李怡娜和叶飞（2011）在对绿色供应链管理的研究中，将企业的资源承诺划分为四个题项，从财务资源、管理费用和相关硬件、软件的投入等方面对资源承诺进行了测量。

六　资源获取和资源承诺的关系

在组织与外部环境进行资源交流的过程里，既存在组织从外部环境中吸收资源并加以利用的资源获取行为，也存在组织要向外部环境投资注入资源的资源承诺行为。组织间长期稳定的资源交换行为是维持合作稳定关系的关键，对企业而言，资源要素这种由内而外和由外而内的流动已经成为盘活企业内部资源和外部资源并进一步内化为组织核心竞争力的关键要素。联盟中的合作创新是基于联盟特定环境中的一种特殊合作，企业自身资源要素和联盟中资源要素紧密联结，并在整体资源要素体系中进行合理化的交换和匹配，是合作顺利进行的物质基础。马富萍和李燕萍（2011）研究证实，企业的信息、知识和资金三方面的资源获取会促进技术创新经济绩效的提升。在合作创新中获取资源的同时注入合理的资源，可以帮助企业获得更多的生存空间和竞争能力；而不断加深的合作嵌入关系会帮助企业进一步获取更多的隐性关键资源，也需要企业做出更进一步的资源承诺决策（许晖等，2013）。资源承诺也可以帮助组织推动与外界的长期稳定合作，促进企业形成自身的竞争优势，会帮助企业占据联盟中更加有利的位置，但是过多的资源承诺往往伴随着许多的风险。

资源获取和资源承诺作为资源要素的重要流动行为，其之间存在一定的关联。学者张永安和张瑜筱丹（2018）将外部资源获取、内部创新投入和企业经济绩效放入同一研究框架进行研究后发现，外部资源获取和内部创新投入都可以促进企业绩效的提升，外部资源获取还会通过刺激内部创新投入进一步作用于企业绩效。Meyer和Thai（2013）认为，不同的资源承诺水平决定了企业在联盟中的位置和关系嵌入强度，企业的资源承诺水平越高，在联盟中资源的获取就越便利。Muhammad等（2019）研究发现，管理承诺能调节信息获取与创新能力的关系，却没有缓和资源获取与创新能力的关系。在合作创新过程中，企业获取资源和投入资源都是不可或缺的，不向外部进行资源承诺就将会影响从外部获取资源的利益最大化，而过多的资源承诺也会带来风险，如成本过高、知识泄露、资源流失等，过多的资源获取亦会带来企业风险，比如形成过于依赖外部环境资源的网络结构，所以企业必须根据自身和外部环境条件来进行资源流动管理和配置，做出合理的资源获取和资源承诺决策（Chang and Rosenzweig，2001）。因此，将资源获取和资源承诺作为合作中资源要素流动匹配的两个方面进行研究，可以更加明晰资源要素与联盟合作企业发展的协同过程。

第四节　合作创新绩效相关研究

随着“互联网+”时代的兴起，经济全球化和信息化的发展日益迅速，社会生产分工更加简单和专业。宏观经济面临挑战，微观企业面临激烈竞争，在这种大环境下，创新无疑成为促进社会科技发展和宏观经济上行的最有力手段，更是企业生存和发展的重要动力。市场环境的变化使创新的发展形式从最初的封闭式创新（如工厂式作坊）逐渐向开放式创新（如共享经济和平台经济）方向发展，企业个体的创新模式亦从组织内部创新转向外部合作创新，并逐渐出现了技术创新网络、创新联盟等不同创新组织形式，带来显著的协同效应，产生更好的合作绩效（Faria and Schmidt，2007）。创新是企业开发和研发新产品并投入使用将其物化的过程，在这一过程中企业会解决生产经营中的难题并应用和创造出新的知识。竞争激烈的市场环境下，创新的速度和质量优势已成为企业竞争优势的主要源泉。然而，尽管创新会给企业带来可观回报，但不能忽视的是，企业的创新过程往往会伴随着较高的风险，加之在现实中，任何企业都不具备完全意义上的独立创新能力，因此，自身知识资源的有限性和创新投入的高风险性使企业开始从外部寻求适宜的合作创新模式以进行资源的互补和风险的分担。作为以合作为目的的复杂组织，战略联盟逐渐成为研发网络化、国际化市场背景下进行合作创新的重要组织形式。

一　合作创新的概念及内涵

合作是个人、群体或组织以互利为目的而产生的彼此互动的过程。合作创新（Cooperative Innovation）是组织间合作进行研发投入、新产品开发的一系列探索过程，在高新技术和新兴技术行业居多，以合作的方式进行设计、研究开发（R&D），通常包含着机会识别、创意产生、创新投入、创新扩散、知识物化等多个环节。企业间的合作创新往往以明确的合作目标为前提，双方商议一定的合作期限和合作规则，以达到共同利益为基础，以资源共享和优势互补为前提，共同投入和参与技术创新的全过程或上述某些环节，共担风险的同时也共享成果（任荣，2010）。

尽管学术界很早就展开了对合作创新的研究，但到目前为止合作创新的概念仍未形成统一意见，学者基于不同的角度对合作创新的定义和内涵进行了界定。Fusfeld 和 Haklisch（1985）认为，合作创新是创新活动的一种组织形式，是企业之间为共同研发创新目标而投入各自优势资源形成的合作契约安排。Brown（1991）基于知识视角认为合作创新是知识累计的一种方式，企业利用自身已有的知识来吸引合作伙伴去创造出更多的新知识。Vasquez 等（2016）给出了合作创新更为宽泛的概念，只要存在其他企业、机构等创新主体参与到某企业的创新活动，就可以被认为是合作创新。Weber 和 Heidenreich（2017）指出，合作创新是组织间进行学习交流的过程，是合作制度化和管理化的体现。国内学者结合国内情境给出了自己的见解，傅家骥和程源（1998）指出，企业与企业、研究机构、高等院校之间的联合创新就是合作创新。郭晓川（1998）认为，合作创新是指由多个企业（也包括科研机构、大学等）形成的一种技术合作契约，合作方共同投入资源，参与到一个合作过程中，根据企业的不同贡献分配创新成果，并在后续进行差异化创新。裴学敏和陈金贤（1999）随后将合作创新定义为参与主体共同投入互补性知识资产，经过知识的共享产生协同作用并创造新价值的过程。罗炜和唐元虎（2001）指出，合作创新多集中在高新技术产业，是企业等创新主体为实现共同创新目标采取的协同行动，在此过程中会进行资源的共享和能力的相关合作安排。汪忠和黄瑞华（2005）认为，企业采取合作创新行为是降低企业创新风险和分摊投入成本的有效方法，更是企业获取外部资源、知识和能力的重要途径。

目前，学术界除了采用“合作创新”进行表示企业之间进行技术创新的合作外，还使用了如研发联盟、创新网络、研究合伙、创新联盟、技术联盟、研发合作等专门术语。结合已有研究，本书将合作创新定义为基于资源共享、优势互补、提高创新成功率、降低创新风险等目的，企业与各联盟伙伴之间通过合作而进行的新技术、新产品、新工艺、新服务等研究开发应用的过程。

二　合作创新的动机

Fusfeld 和 Haklisch（1985）指出，合作创新是不同组织间形成契约安排的过程，合作双方共同合作应对市场前景不确定、资源有限以及资源获取成本高等风险，实现组织之间的共同战略目标。战略联盟是企业与联盟伙伴间形成的具有共同利益的生产共同体，是由多个主体共同组建的动态开放性合作组织，具有来自不同主体的大量异质性资源，可以更好地进行联合技术创新活动。联盟基于分工基础上的合作创新活动具有众多的优势，一方面可以帮助联盟企业实现资源共享和知识互补，另一方面可以分担单个企业的高成本和高风险，是企业获取竞争优势和适应全球经济一体化的重要战略措施。学者分别从不同角度交易成本理论、产业组织理论、资源基础观、组织学习理论等多个理论角度对企业合作创新的动机进行了阐释。

交易成本理论视角下，企业采取合作创新战略的受益来自成本和风险的降低。自 20 世纪 30 年代英国经济学家科斯提出交易成本理论（Transaction Cost Theory）后，众多学者开始对此理论进行丰富和补充。Coase（1937）认为，企业经营主要目的是利润最大化，与外部市场交易相比，企业内部开展某项活动更加经济时，通常这项活动由企业内部承担。因此，科斯指出企业是价格机制的替代物，并且发现存在两种制度协调配置资源：企业内部通常由企业内部员工发挥作用，而企业外部由价格机制来代替。Williamson（1979）认为，人性因素和交易环境因素作用下产生的市场失灵现象是产生交易成本的根据原因，而交易成本的种类有多种，包括交易方有限理性、投机主义、不确定性与复杂性、少数交易、信息不对称等问题。合作创新行为同样也具有交易成本，所谓交易成本主要是指买卖双方用于寻找交易对象、签约及履约等方面的一种资源支出（如时间、金钱等支出）。企业在开展活动时会追求更低的交易成本，郭晓川发现合作创新有利于克服企业因信息不对称造成的有限理性，可以增加企业之间的信息沟通。通常来说，合作创新交易成本受合作组织形式、数量、合作经验、涉及的技术领域等因素的影响。这些因素又通过合作不确定性、资产专用性、重复交易频率三个维度影响合作创新的交易成本，最终影响合作创新的成败（胡望斌和朱东华，2007）。任荣（2010）认为，随着技术研发成本在快速变化的市场上的不断提高，加之不断扩大的创新风险，推动了以信任为基础、以信息资源共享为纽带、分享利益共担风险的合作创新方式，合作创新大幅度降低了交易成本，已经成为受欢迎的技术创新方式。

产业组织理论主要从技术的溢出效应和市场结构两个角度分析企业合作创新的意义（Claude，et al.，1988）。产业组织理论指出，企业间的合作创新不仅能够降低研发成本，也在一定程度上降低了创新所产生的技术溢出效应，内部化技术创新的外部性（罗炜和唐元虎，2001）。技术的溢出效应是经济外部性的表现，技术知识具有一定的公共物品属性，创新企业很难在与其他企业合作过程中做到独占创新所带来的收益，这主要是因为企业技术知识存在非自愿扩散，导致与之合作的企业技术和生产力水平的提高。当企业创新的“溢出效应”超过一定水平时，就会增加企业合作创新的绩效水平，合作创新会成为企业的有利选择。市场结构是在特定的市场中，企业在数量、份额和规模上的关系，描述的是企业的产业组织环境决定的竞争形式。另外，当专利保护制度不完全有效时，企业无法独占创新产生的新产品、新技术、新服务，造成创新溢出，从产业的角度看，就会造成研发投入不足。这种情况下，企业往往面临税收政策、政府补助、合作创新三种方法进行“二次技术创新”。前两种方式依赖政府干预来强制保护企业专利，而合作创新更加具有优势。首先，当技术“溢出效应”很高时，合作创新能够将创新开发的外部效应内部化，并增加成员的研发支出；其次，合作创新能够给企业带来规模效应，使企业完成单独无法承担的大规模项目，降低技术转移和交换的成本；最后，可以克服专利制度不完全导致的“搭便车”，提高创新积极性，形成新的核心竞争力（李纪珍，2000）。

而基于资源和知识的企业理论观认为企业合作创新的动机是获取异质性知识和资源。企业的竞争优势建立在资源上，并且企业是资源的集合，企业的竞争优势能够维持多长取决于其他企业获得该资源的难度及付出代价的大小。知识是企业最具有战略性的资源，是企业具备长期竞争优势的核心基础。不同企业拥有着异质性资源，这些资源无法在市场上完全自由地流通。因此，当不同企业或组织间没有利益冲突，且相互资源具有互补性时，选择合作创新战略的可能性就会增加。Sakakibara（1999）通过对参与共同研发的日本企业进行研究指出，互补性资源的获取是企业进行合作创新的最重要动机。罗炜和唐元虎（2001）认为，合作创新是企业间知识能力创造、技术学习的有效路径，企业进行合作创新的一个主要动机是在异质性资源基础上合作产生新的核心能力。合作双方知识和资源的组合顺应了技术发展的要求，提高了创新效率，并且不同行业领域的组合往往能产生新的技术。任荣（2010）认为，合作创新的优势主要体现在提高企业的资源利用效率方面，合作创新有助于企业知识的互补与利用，可以降低企业的经营成本。

因此，通过上述分析，可以发现企业在进行合作创新时会取得一定的优势。首先，获得规模经济效应，避免重复性的投资和研发投入，提升创新效率；其次，获取复杂研究项目所需要的专门知识，整合资源形成新的核心竞争能力；再次，合作带来的信任和默契会节约技术转移和技术交换成本；最后，合作会帮助企业内部化研发的溢出效应并降低在研发竞争中失败的风险。

三　合作创新绩效的定义及影响因素

企业独立创新存在诸多不确定性和挑战性，采取合作创新战略的意义在于实现双方预期创新成果的同时降低独立创新风险和成本。在合作创新过程中，企业会整合和应用分散的资源和能力，与合作伙伴形成互补优势，获得比独立创新时更高的绩效价值，这种价值就是合作绩效的表现。合作绩效是合作伙伴通过全方位合作，彼此在达成战略一致的基础上获取的综合收益（王丹丹等，2019），可以通过合作过程的总体满意度、继续合作的意愿等非定量指标得到体现。宋晶等指出，合作创新绩效衡量合作创新水平的重要指标，是组织网络间合作成果的最终体现，主要通过网络稳定性、合作的满意度和企业创新能力的提升来具体体现（宋晶等，2013）。Corsten 和 Kumar（2005）认为，合作创新绩效强调合作基础所产生的创新成果的共享和测量，是企业间进行合作创新而带来的研发成果和产出。张梦晓和高良谋（2019）认为，企业的合作创新绩效可以通过创新财务收益、申请专利数量等得到诠释。此外，合作关系的稳定程度也可以反映合作创新绩效。因此，参考已有学者研究，并结合联盟情境，本书将合作创新绩效定义为企业在联盟合作创新活动中获取的综合收益，是联盟合作创新的价值体现，由预期目标达成情况、合作满意情况和创新能力提高情况三部分组成。

作为合作创新行为的评价指标，合作创新绩效受多种因素的影响，学者分别从企业内部和企业外部等多个方面对影响合作创新绩效的因素进行了梳理和分析。从企业内部因素方面来看，企业的能力方面（研发能力、搜索能力、利用能力、网络能力等）会对合作创新绩效发挥一定的作用。Bougrain 和 Haudeville（2002）发现，企业研发能力关系到合作创新参与双方的关系强弱，并进一步影响企业合作创新绩效。创新搜索强度可以提高联盟资源向企业创新绩效转化的效率，殷俊杰和邵云飞（2017）认为，在联盟资源向联盟成员创新绩效转化过程中，创新搜索起到了关键作用，对合作伙伴多样性和创新绩效间起到显著调节作用。孙永磊等（2014）对战略新兴产业的合作创新研究指出，适度的利用能力和探索能力对合作创新绩效起促进作用，只有企业正确运用利用能力和探索能力，才能获取合作过程中外部的互补性资源以提升企业合作创新绩效。王丽平和何亚蓉（2016）通过实证发现，由企业交互能力获得的互补性资源能够显著提升合作创新绩效，且这种交互能力及互补性资源的获取都与不同的网络关系强度相关。朱秀梅等（2010）从资源角度将联盟能力划分为组合资源能力和动态部署资源能力，两种能力帮助企业克服资源短缺和约束，获取外部网络中的资源，并进一步提升创新绩效能力。此外，企业技术水平、资源水平、投入力度等因素也会对合作创新的动态过程产生影响，并最终作用于合作创新绩效。Kaufman 和 Theyel（2000）对企业技术、合作与创新三者之间的关系进行研究后发现，拥有较高技术水平的企业更容易与外部形成合作关系并促进创新活动。冯泰文等（2013）认为，技术水平很大程度上会影响创新绩效，具备高技术水平的企业会有更多的机会与其他企业或机构进行合作创新。Petersen 等（2005）对供应链中的合作创新活动进行研究，发现企业的经济实力、供应商的可信度和供应商能力会正向作用于合作创新绩效。陈劲等（2007）针对基于相对闲置资源企业的合作创新绩效影响因素进行研究后，当企业投入的相对闲置资源越多且合作双方相对闲置资源匹配性越高时，能够显著促进企业合作创新并提升合作创新绩效。李明星等（2019）研究发现，当企业投入更多的研发费用和研发人员时会提高合作创新质量，进而获得更高的合作创新绩效。

此外，合作伙伴的特性以及合作关系和信任情况也是影响合作创新绩效的重要因素。Eva 等（2019）等认为，当企业与信誉程度高的合作伙伴进行合作创新时会降低合作成本和失败风险。王国才等（2011）从资源基础理论出发，研究了双边专用性投资对合作创新绩效的影响，结果表明合作双方通过专用性投资而建立的合作伙伴间关系信任和关系学习是影响合作创新绩效的重要因素。Lavie 等（2012）实证证实，合作伙伴间的紧密联结会提升组织间合作效率并取得更高的合作绩效。宋晶等（2013）进一步证实组织间信任能提升合作创新绩效，并认为组织间信任在不同领导风格下影响合作创新绩效的作用机制中扮演了中介角色。信任能够稳定组织间关系，进而维持网络稳定，从而提升合作创新绩效。Dhanaraj 等（2004）从知识的角度对合作创新进行研究，发现联盟伙伴间的信任会促进隐性知识和显性知识的转移和共享，结合自身组织特征和原有知识情况进行融合，会提高合作创新的互补性和独特性。

因此，通过对相关研究的回顾，合作创新绩效的高低取决于多种因素，但在能力或者其他因素影响合作创新绩效的作用传导机制中，资源的获得或者资源的投入都会起到无法忽视的作用。同时，合作双方关系的情况会影响合作中的交流和沟通，合作双方的信任会减少合作沟通中的阻碍，有利于知识等资源的分享并提升资源整合价值，促进企业的合作创新绩效。

第五节　研究进展的总体评价与展望

在经济全球化和技术变革快速化背景下，企业很少有能力利用自己的资源和知识进行独立创新，稳定的战略联盟有利于联盟中资源的分享、整合和运用，促进合作行为的发生，联盟合作创新已成为企业提高创新绩效和获取竞争优势之道。因此，近些年，联盟中的合作问题、合作创新问题备受学者的关注。

通过上述综述可以看出，本书研究内容涉及联盟能力、资源获取、资源承诺、合作创新等多个理论角度。尽管学术界关于企业能力理论、资源依赖理论和资源基础理论等相关领域的研究已相对成熟，学者也认识到联盟能力是合作行为和创新活动的重要基础和保障，对联盟合作的完成和过程中起到重要作用。就目前已有研究来看，仍然有以下几个方面值得拓展。

一　联盟能力的进一步讨论

从总结前人研究成果的基础上可以看到，现有研究对联盟能力的表述尚未达成一致。对于联盟中企业能力的相关研究往往集中在双边视角或者联盟组合视角进行讨论，把两种视角综合起来对联盟合作行为进行的研究相对来说还不够丰富。事实上，对于企业而言，为克服自身能力的有限和弥补某些资源的稀缺，通常会选择与多样化合作伙伴建立多个战略联盟，所以企业的整个联盟网络包含着多条双边联盟以及复杂的联盟组合，这就对企业的洞察力、判断力和控制力提出了更高的要求，不仅需要对双边联盟进行关注，还应对众多双边联盟进行统筹和平衡，对以其为的众多联盟组合进行设计、部署和协调，以保证企业合作活动的顺利进行以及预期目标的实现。因此，把双边视角和联盟组合视角进行结合，这将赋予联盟能力更加真实、更加广泛和更加准确的概念和意义，从这一层面来分析企业联盟能力对合作创新的影响具有更好的诠释。此外，中国经济目前处于调整上升阶段，国内互联网经济和技术创新快速发展，从大样本实证角度讨论中国情境下联盟能力对合作创新绩效间的关系，对企业能力理论、联盟理论和合作创新理论在中国经济中的广泛实践和应用具有重要的意义。

二　资源要素在企业联盟能力影响联盟合作创新中扮演的角色

知识经济时代，知识、信息等资源是联盟成员开展联盟活动并获得收益不可或缺的核心因素。由企业和多样化合作伙伴组成的战略联盟已成为企业广泛开展合作活动的渠道和途径，而企业可支配的内部自身资源和外部异质性资源就成为推动开展外部合作创新活动的重要基础和保障。尽管已有研究从资源基础理论和资源依赖理论等多个角度均证实资源在组织间合作、联盟合作过程中的重要意义，拓展资源观（Extended RBV）也补充，在战略联盟或企业网络中会存在大量的可利用的有价值资源，是企业形成租金和获取竞争优势的基础。但对企业资源流动前因和后果的研究有所忽视，有关联盟成员资源流动的相关研究仍显不足，这就不利于深入认识企业在联盟中通过发挥自身能力形成合作租金并获取竞争优势的整个动态过程。在现有研究中，联盟能力可能会决定企业在联盟中获取资源和投入资源的情况，这种影响是否真正存在，这其中的机理是什么，以及资源流动在联盟能力和合作创新绩效中起到什么作用，联盟能力是不是通过资源的流动来影响企业间的合作创新绩效，这其中的具体演化机制是什么，值得进一步深入研究。因此，企业在联盟中有关资源的有效流入和流出问题即资源获取和资源承诺问题需要进一步深化讨论。

三　内生及外生情境因素对联盟能力发挥其作用过程的影响

对于企业而言，联盟能力对合作创新绩效的积极影响是依赖某些特定条件和要素产生的，情境因素会对联盟能力的发挥起到不可忽视的作用。在当前中国转型经济背景下，影响联盟能力实践的情境因素需要进一步梳理和探索，这对联盟理论和企业能力理论的完善显得十分必要。通过国内外相关研究来看，有关内生情境要素方面，学者关注的大多是技术和职能层面，忽视了管理者主观对环境的判断和意识会影响联盟能力的实践效果，事实上，企业能力的发挥和战略的实施等具体行为都是由管理者来进行宏观判断和微观执行的；外生情境要素方面，以往研究大多数以环境变量作为主要研究点，而联盟这种特殊组织的环境要素包括企业的战略联盟紧密程度，不仅反映联盟环境中的合作气氛，某种程度上来讲还会反映出不确定性因素的高低。因此，有必要结合中国情境，进一步探讨企业内生及外生情境要素对联盟能力发挥作用过程和效果的影响，以试图去发现如何使联盟能力发挥作用最大化并收获最佳绩效。

第三章

理论模型与假设提出

由于资源与能力的有限性，使企业不能仅仅依靠自身实力来获取持续的竞争优势，尤其在创新发展战略驱动下，企业更应该开放价值链的外界端口，采取合作、共享与多赢的方式，通过搭建战略联盟获得外部更多的稀缺资源以及实现创新技术的共享使用，进而达到企业之间强强联合、优势互补或者“报团取暖”的目的（张光曦，2013）。已有研究以及现实案例不难发现，企业通过构建和管理联盟可以持续提升核心竞争力。然而，企业要在联盟中获得高合作创新绩效并非易事，需要较高的联盟能力作为支撑，主要取决于联盟构建、合作管理以及关系维护等整个创新链活动的保值增值过程。同时，企业拥有的联盟已日益成为其获取资源和能力的重要平台，能否充分应用自身资源和联盟中资源成为企业快速应对环境变化和新颖性创造的关键。所谓联盟能力，是指企业通过建立联盟的形式，利用、维持与协调联盟内各企业间的关系，有效发挥多方协同效应的能力。联盟能力强的企业具有较大的支配权，这意味着它能够最大化利用联盟的资源效用，使联盟的效果更有利于朝着联盟能力强的企业的战略目标和意愿方向发展。Castro 和 Roldán（2015）研究认为，需要构建一个详细的框架来梳理联盟能力的作用机制，明确具有支配权的企业主导着联盟的创新绩效方向，进一步探索出联盟能力提升企业经营绩效的实现路径。借鉴已有研究，本章节将企业联盟能力划分为三个维度，即联盟构建能力、合作协控能力和关系管理能力，深入探索企业联盟能力与合作创新绩效之间的内在作用机制。

第二章节对本书研究理论基础和相关文献进行了回顾，对学术界相关已有研究的进展和贡献进行提炼、归纳和总结。本章节主要对理论模型进行推演和构建，对各变量之间的逻辑关系进行理论推导，提出相应的研究假设。具体而言，第一，对企业联盟能力的内涵进行阐释，并将其划分为三个维度；第二，从理论上对联盟能力与合作创新绩效的关系进行论述，构建本书的整体理论框架；第三，探讨联盟能力不同维度对合作创新绩效的影响；第四，基于资源基础观和资源依赖理论等理论视角，分析资源获取和资源承诺在联盟能力对合作创新绩效的正向影响关系中所起到的中介作用；第五，将管理者解释和联盟黏性作为情景变量，探讨企业联盟能力对资源获取和资源承诺的影响是否会受到管理者解释和联盟黏性两个情景因素的影响；进一步地，讨论管理者解释和联盟黏性对资源获取和资源承诺的中介作用是否具有调节作用，从而完成对整个理论框架的分析。

第一节　企业联盟能力的维度划分

通过第二章对企业联盟能力的研究回顾发现，自战略联盟研究兴起以来，学者对联盟能力的定义不尽相同，尽管有不同的出发视角，但均普遍关注于企业如何建立和运营联盟的本质。结合已有研究以及开展研究过程中对相关领域专家学者和企业高层领导的访谈，本书立足于企业视角，结合研究情景和研究内容，将联盟能力定义为：企业构建有利于自身发展需要的战略联盟并有效管理整体联盟网络和合作活动以获取竞争优势和提升绩效的能力。结合既有研究，从两个层面即战略层面和操作层面出发，进一步拓展和重构企业联盟能力，最终将其划分为三个维度。具体来说，战略维度意在表达企业从战略性和全局性对战略联盟进行规划和把握的能力，聚焦于企业联盟的建立和长期演化方向，对应的是联盟构建能力；而操作维度强调的是战术性和局部性，从企业对双边联盟和联盟组合的日常协调配置等行为细节入手进行分析，对应的是合作协控能力和关系管理能力。

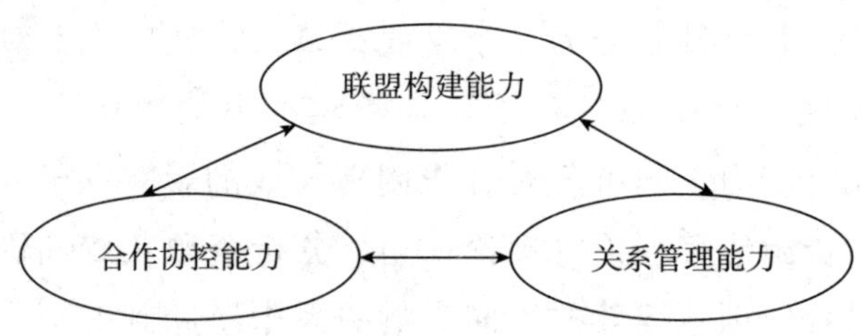

图 3-1 联盟能力的维度

一 联盟构建能力

联盟构建能力是企业基于自身联盟意图和目标，在外部环境中洞察联盟机会和搜寻潜在联盟伙伴，并对联盟伙伴进行甄选，采用适宜策略与自身匹配的联盟伙伴建立联盟关系，从宏观上联盟整体的所有关系发展潜力和存在价值进行规划和判断的能力。它反映了企业如何对联盟整体进行统筹和规划，如何根据外部环境和自身实力来识别机会并确定联盟对象，如何根据自身战略需求判定不同联盟关系的结盟目的和价值所在。简言之，联盟构建包括企业是否、何时以及如何组建联盟的战略性行为，是联盟发展的起点。作为企业战略层次的能力，联盟构建能力要求企业一方面必须通过对外部环境和市场动态来选择和实施与之相匹配的联盟战略，高效洞察外部潜在有价值的联盟机会和信息，从战略层面对企业联盟的整体发展有一定的前瞻性规划；另一方面，需要企业对一系列联盟关系的目标和价值进行准确定位，并依据发展愿景来构建一系列合适有效的联盟关系，开发出有利于自身发展的联盟网络。

企业整体联盟包含多个双边联盟，是多条联盟关系的复杂集合体。联盟构建能力首先体现的是企业对外部环境的感知和判断，通过对环境的解读结合自身需求，从战略高度建立联盟关系和改善联盟结构，从某种程度来讲，这是一种根据内外部环境和市场条件进行动态调整的能力。Pinar 等（2009）研究指出，企业要想从联盟组合中获取竞争优势和更高绩效，必须根据外部环境和对自身的认知与洞察进行战略规划。例如，当外部环境不确定性加剧，市场竞争激烈时，企业应该扩展联盟规模还是缩小联盟规模。学者 Hoffmann（2007）在对西门子企业内部不同的战略业务部门进行案例研究时指出，企业会根据动态变化采取适应性联盟战略，例如增加联盟伙伴数量、选择多样化合作伙伴、建立弱联盟关系等战略方向，通过一些调整性行为来积极应对外部复杂环境。另外，联盟构建能力反映了企业如何根据战略规划进行一系列联盟关系构建和联盟组合形成的具体行为。企业试图构建战略联盟拓展自身能力，在拟订战略联盟发展规划后，需要根据自己经营领域的产业链、价值链等选择合适的联盟合作伙伴，依据重要性、紧迫性、必要性及可行性搭建起紧密相间、有效协作的联盟关系网络，然后再考虑到资源与能力的支配范围，界定每个联盟的规模及任务，并且企业需要评估潜在合作伙伴的资源和能力，合作主体的实力是企业选择联盟伙伴最需要考量的因素之一，能与拥有更多创新资源或创新能力较强的主体构建联盟关系，是未来合作取得实质性收益的初始条件（蒋维平等，2017）。此外，仅考虑联盟伙伴的雄厚实力是远远不够的，对企业发展合适与否更为关键，Lin 等（2009）在研究中指出，合适的联盟伙伴对联盟组合而言具有更大的潜在价值。联盟构建情况能反映出企业联盟的整体规模、联盟功能多样性和伙伴多样性等特征，这些特征将决定企业从联盟中获取资源和能力的数量和质量，进一步影响组织效率。

因而，联盟构建能力是企业由无到有建立联盟的关键战略能力，企业通过解读环境、洞悉市场、选择伙伴，最终构建与之匹配的联盟关系网络，与联盟伙伴共同努力完成联盟使命，最终实现自身创新目的和战略意图。

二　合作协控能力

企业战略联盟的建立是联盟伙伴间一种合作的相互承诺，意味着参与双方将共同完成某一项目和目标，建立某种特定关系以交换商品或者服务、共享知识和信息、生产或分配以及协调具体行为和活动。在企业构建的联盟体系中，作为联盟成员具有对合作互动进行监督控制和整体协调等双重任务，这对联盟的效果和发展具有重要意义。

合作协控能力是指企业在与联盟伙伴合作过程中，对合作行为和项目的协调与控制，既包括企业对某一联盟任务的管理，也包括企业在不同联盟组合之间资源的调配和管理，以及用柔性方式解决和化解联盟冲突的能力。Geringer 和 Hebert（1989）指出，控制是指一个实体通过使用权力，在不同程度上影响另一实体的行为和产出的过程，远远超出了简单的共同关系中的资本持有。协调和管控双方的合作进程和内容取决于建立在合同程序基础上的正式机制，或者更多的是依靠某些非正式机制，如压力、说服力、反复的会议和联系以及谈判等（Kumar and Seth，1998；Yan and Gray，1994）。联盟合作期间，在执行具体合作活动时往往存在一定的风险，诸如联盟伙伴动机具有不确定性，有的企业为技术而来，有的企业为市场而来，不同动机导致联盟关系程度存在差异，进而使联盟内部企业之间相互依赖程度不同，即“关系风险和绩效风险”以及“合作问题和协调问题”等（Gulati and Puranam，2005）。因此，企业需要及时把控联盟活动进行中的风险，妥善处理联盟成员间的矛盾，尽可能地降低冲突发生的概率，合作协控能力强调的就是企业针对双边联盟合作活动中上述问题的日常管理。同时，联盟网络包含多个双边联盟和联盟组合，如何对整个联盟的复杂关系进行协调也是合作协控的重要内容。所以，合作协控能力还注重的是企业根据不同合作目标去协调跨联盟活动，尽量保证多个联盟伙伴间合作的兼容性，根据不同战略目标配置互补知识和信息等复杂资源，并根据战略需求把握不同联盟活动的推进速度，某种程度会有利于企业在联盟网络中建立优势地位和优先话语权。Kale（1999）研究指出，沟通与协调是联盟管理实践中的必备技能，Schreiner 等（2009）实证研究也证实，协调是企业双边联盟管理中必需的一项工作。因此，合作协控能力是联盟活动顺利进行并达到初始联盟目标的重要保障。

三　关系管理能力

Anne 和 Geraed（2000）研究发现，伙伴间关系的复杂性造成企业难以维系联盟的正常运行，各企业的需求与目标追求的差异性加剧了联盟关系的维护难度，导致部分战略联盟因此走向破裂和失败。Büchel 和 Thuy（2001）进一步指出，联盟关系复杂性源于多个方面，首先是无法界定联盟企业间关系的疏密程度，难以采用定量化标准评价组织关系中谁是战略伙伴关系、谁是亲密友好关系以及这种关系深厚到什么程度；其次是联盟企业间有失均衡利益分配及风险成本分担不均，联盟内部企业并非是同质化的，存在规模、市场、技术及管理者素质等差异，导致在利益分配与风险分担上的争议；最后是联盟伙伴间缺乏足够的信任，因企业利己主义及逐利本性的存在，联盟内部决策机制往往是企业间博弈的结果，非正式组织形式潜藏着不稳定因素，这些都会导致合作伙伴关系的破裂。Duysters 等（2012）认为，联盟伙伴往往具有不同的组织文化、思维方式和运营理念等，这些差异会给联盟合作带来冲突的风险，同时，联盟组合内部涵盖着不同的联盟关系类型，对于企业而言，只有处理好联盟组合内部的企业间关系，才能保证战略联盟整体的顺利运转。由此，关系管理即联盟成功构建后的关系维护和治理就显得尤为重要，处理好联盟关系中可能存在的问题成为联盟持续健康发展的重中之重。

关系管理能力是指联盟企业为了维护与联盟伙伴之间的关系，制定出一致认可且共同遵守的攻守规则、议事原则及工作流程，在规则意识与情感纽带的相互作用下，企业柔性处理双边及多边关系，协调和维系联盟关系融洽、兼容及协作的能力。它一方面强调与单个联盟伙伴之间互动与合作关系的维护以及企业联盟组合之间复杂关系的处理和协调；另一方面注重与联盟伙伴之间关系强度的把握，避免联盟伙伴合作过程中的机会主义，实现联盟伙伴共同和谐发展。在联盟构建初期，企业与潜在联盟伙伴建立起的信任关系是日后合作的起点，良好的关系管理能力首先意味着企业能否高效、经济地与目标对象形成互相认可的联盟关系，建立起初始好感度和诚信度以对随后的联盟活动产生一种积极的信号。到战略联盟的成长阶段，关系管理能力体现在能否与联盟伙伴间构建良好的信任机制和沟通机制，处理好联盟活动中的交流与合作，保证信息、知识和资源的共享和获取，最大限度地实现联盟伙伴的潜在价值等方面。周青等研究证实，保持良好的联盟关系有利于联盟成员以较低成本和风险获取互补资源，同时也可以促进成员将更多的时间和精力放在提升自身核心能力上来(周青等，2011)。联盟发展的成熟阶段，随着合作深入，矛盾和冲突的产生不可避免，此阶段联盟伙伴需要深入了解对方需求、关注联盟合作效果和发展走向，此时关系管理的重点就在于及时处理联盟合作中的冲突，化解矛盾的风险，把握适宜的联盟关系强度和联盟稳定性。Remus 和 Sanders（2008）指出，信息不对称及沟通不畅通是造成联盟内部冲突的主要原因，加强联盟伙伴企业间的信息沟通与共享可以化解矛盾和减少冲突，有利于联盟成功。同时，冲突管理需要更加积极的沟通和交流，使联盟双方可以感受到对方企业与之分享信息或技术的意愿和能力，进而增强获取外部知识和资源的通道，减少双方的成本（Carr and Pearson，1999）。联盟关系发展到终止阶段时，关系管理能力的高低体现在企业能否及时地处理联盟中的冗余关系，能否采取柔性的方式结束联盟关系。不难发现，关系管理贯穿于联盟发展的各个时期，是企业动态适应联盟发展的一种能力。

第二节　概念模型的提出

经济和技术环境的转变使市场的开放性程度提高，在共享经济快速发展的背景下，合作创新已成为当今企业生存和发展所必需的创新战略，是企业提高创新能力的选择趋势。联盟中的合作创新拥有更加明确的目标和关系，企业通过与联盟伙伴进行新技术、新产品、新工艺、新服务等的研究开发来达成合作创新的战略意图。通过联盟合作，弥补自身资源和能力不足的同时，企业可以更加容易地获取复杂研究项目所需要的专门知识和信息等，借助联盟伙伴的资源和力量更好地开发技术和创新性产品，逐步整合资源形成自己的核心竞争能力。不容忽视的是，合作创新不仅为企业提供向联盟伙伴交流和学习的机会，更为重要的是会分担自主创新所需承担的巨大资源和成本，有效规避独自研发的创新风险，以协同获取更多的经济效益和社会效益，对企业竞争力的提升和生死存亡起到决定性作用（Nahapiet and Ghoshal，1998）。然而，联盟中往往涵盖着不同类型的合作创新类型和复杂关系，极富动态性，缺乏稳定因素，并时常会面临重构甚至是阶梯的威胁（Parmigiani and Rivera-Santos，2011），这些问题的出现归结于多种原因，如联盟伙伴的组织文化和经营理念的冲突、合作中投机主义倾向以及不对等资源依赖导致的不平衡议价能力等问题（Park and Ungson，1997；Cui，et al.，2011）。要在战略联盟中获得预期的合作创新成果和收益，企业就必须有能力面对和处理上述一系列问题，例如起始合作伙伴的甄别、判断和选择是开展合作的重要基础，而合作双方组织文化的协调性和合作目的的一致性关乎联盟活动的顺利开展；对合作进行中的协调和管控会降低未知的风险并推进合作项目的进度，掌握合作主动权等。所以，企业联盟能力的强弱与合作创新之间有着一定的关联，企业如何构建联盟以及如何经营联盟的能力必然与合作创新绩效紧密相关。

同时，通过回顾文献不难发现，在企业实施联盟战略进行合作创新时，资源是促使联盟建立和合作发生的最有力的催化剂。企业创新资源的不足迫使企业选择合作来弥补稀缺资源；同时，在合作创新过程中，企业也会将其私有资源投入给合作伙伴或者贡献至合作项目中以保证合作创新活动的顺利开展。现有研究已经表明，资源的吸收和应用以及资源的输出和投入对合作创新都具有显著影响，但以往研究多从上述两种资源要素中的一个角度对企业间合作或者合作创新进行讨论，鲜有研究将资源要素的双向流动即资源的摄入和资源的输出纳入同一研究框架进行分析，缺乏在联盟合作创新过程中企业资源要素行为即联盟资源获取以及资源承诺如何对合作创新绩效发挥作用的深入探讨。资源基础理论认为，企业建立持续竞争优势并取得收益的重要因素就是企业拥有的关键性资源，资源异质性帮助企业获取差异化绩效（Dierickx and Cool，2011），企业建立竞争优势的决定性因素来源于两个方面：一个是从外部吸收和转化资源，利用其他企业的资源优势来弥补自身资源的劣势；另一个是企业选择合适的领域对外投入自身剩余资源，将企业资源优势转化为经济收益。资源依赖理论认为，外部环境会影响组织发展，组织会因为获取资源而与环境产生一定的依赖关系，资源需求方会逐渐形成对资源输出控制方的依赖，因此，过度依赖外部资源的获取会决定企业对外部环境的依赖结构和权利位置。同时，企业贡献出的补充性资源会满足合作的资源需求进而推动战略联盟的成功，然而资源输出过多也意味着合作成本的提高，并伴随知识、技术等私有资源泄露的风险。因此，企业的资源要素究竟如何对合作创新绩效发挥作用、会产生什么样的作用，需要进一步深入研究。

基于以上分析，本书将重点关注“联盟能力如何影响资源获取、资源承诺并进一步作用于企业的合作创新绩效”这一问题。本书的概念模型如图 3-2 所示，构建理论框架的逻辑是：企业行为的决定因素是企业的能力，企业行为发生的结果是带来不同的绩效水平。根据“能力—行为—绩效”这一逻辑链条，在前文文献梳理和理论分析的基础上，将联盟能力、资源承诺、资源获取和合作创新绩效纳入同一个理论分析框架，基于企业能力理论、资源基础理论和资源依赖理论等多个理论深入探究企业联盟能力影响合作创新绩效的作用机制，联盟能力影响资源要素行为的作用机制以及资源获取、资源承诺影响合作创新绩效的作用机制，验证企业的资源获取和资源承诺是否在联盟能力影响合作创新绩效的传导路径中起到中介作用。同时，管理者的思路、决策和认知会影响企业能力的发挥，联盟中的关系氛围会对企业能力的实施产生一定的影响力，因此，本书将纳入企业外部情境变量和企业内部情景变量即联盟黏性和管理者解释作为调节联盟能力实践的重要影响因素进行分析。

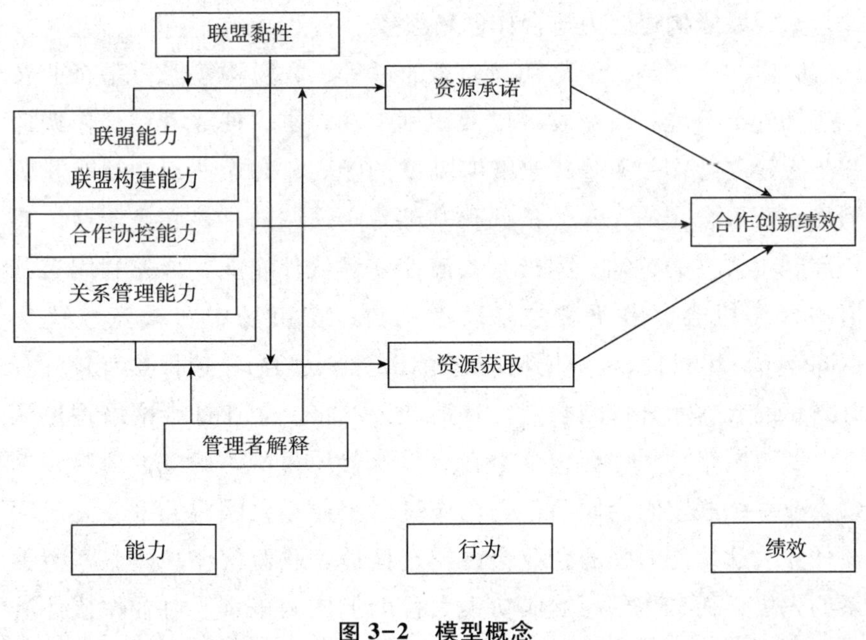

图 3-2　模型概念

第三节　企业联盟能力与合作创新绩效

联盟能力是企业顺利开展合作创新的重要能力，联盟伙伴的选择、合作过程的管控以及联盟关系的妥善维护等能力是最大化联盟效用以及保障企业创新活动的关键所在。联盟获得高创新合作绩效，取决于企业如何构建、管理与运作战略联盟，联盟持续的竞争优势来源于不断提升的企业联盟能力，尤其对于技术密集型企业而言，联盟能力更为重要。在企业联盟能力的作用下，企业借助合作双方的技术、市场、人才等优势力量，互通有无、共享资源，更可能产生突破性的技术和产品，将有更多的创新产品、创新模式得以开发与应用（秦剑，2014），加快了新产品开发速度，分担了创新风险成本，提高了研发成功率，提升进入市场的速度（Gwendolyn，2007）。

一　联盟构建能力与合作创新绩效

联盟的构建是一个复杂和动态的过程，联盟构建能力是企业及时感知外部环境、行业发展以及识别市场需求，搜寻潜在合作伙伴并与之建立合作关系等代表战略高度的能力，是企业编制战略联盟网络和开展合作的先验性条件和基础。它强调的是核心企业通过对外部联盟机会的感知，积极寻找潜在联盟伙伴企业，抢先利用有价值的合作机会，借助联盟先动者优势，在市场中获得竞争优势（Goerzen，2007）。资源依赖理论指出，企业倾向于选择具有较好资源禀赋的合作者来缔结联盟并构建联盟网络。企业社会网络理论认为，联盟网络关系中会包含潜在合作伙伴质量的不确定性风险，导致企业缔结联盟时会倾向于与合作过的企业建立联盟关系并完成联盟任务。建构能力强的企业会占据选择适宜联盟伙伴并建立联盟关系的先机，而合作创新的成功很大程度上依赖于企业对合作伙伴的选择。

首先，企业及时准确地判断外部动态环境并先于行业竞争者发掘潜在合作伙伴对联盟对象做出最优选择，是联盟合作成功的关键基础（Andrevski，et al.，2016）。联盟伙伴选择的好坏直接关乎联盟合作创新过程顺利与否，邓渝和邵云飞（2016）认为，盲目建立联盟合作关系会导致机会主义的发生，不利于联盟企业治理。企业只有谨慎地选择合作方才会使合作创新项目顺利开展，降低合作失败的风险性（王道平等，2015）。由于企业剩余资源和动态能力的差异，因需求不同会使企业关注并选择有互补资源的合作伙伴，充分发挥剩余资源的效用来构建联盟。尽早对自身有正确的认识并结合对外部环境的综合判断有利于甄选出有价值的合作创新伙伴并把握合作主动性，这种时间上的先机会帮助企业掌握主动权，更加细致准确地开展联盟伙伴的背景调查，通过比较和分析它们在资源、能力、技术、市场及文化等方面的优劣势，判断自身与之的互补性、竞合性差异后再做选择，这就减少了重复性资源投入（Wassmer，et al.，2017）。并且，企业与优质对象建立联盟关系将会带来行业声誉等无形资产，通过树立业内形象吸引更多联盟伙伴企业，而联盟实力的提升不仅扩展了共享资源的边界，也为其增加了更多价值占有的砝码，增强后续与企业联盟合作的议价能力，提高企业间的合作创新绩效。其次，联盟构建能力不仅仅针对某一联盟合作伙伴的选择和关系的建立，更重要的，它体现的是一种宏观上的战略决策，是企业开发以其为核心的整体联盟网络组织的能力。较强的联盟构建能力往往需要企业具有甄选联盟关系的流程和标准，选择的联盟伙伴不仅会与自身具有良好的契合性，也会与其他联盟伙伴之间实现匹配和互补，避免联盟网络中冗余联结的出现，这就会帮助企业面对联盟合作创新时具有更加全面周到的考虑和安排。同时，拥有较强联盟构建能力的企业会更加重视和强调对战略联盟整体的战略设计和协调配置，以获取对整体联盟网络更好的控制力和支持力，塑造更加合理的联盟结构特征，帮助企业在合作创新过程中拥有更好的权力和地位，进一步推动合作创新过程中企业自身合作目标的达成。当企业能够积极地感知自身合作动机，准确地预判对方行为演化方向，做到“知彼知己”，就会结合自身情况权变地适应外界环境变化，对构建战略联盟合理的动态规划，并根据“天时地利人和”适时进行战略调整，这些对于联盟程序的规范与管理具有专业指导与借鉴意义（Hoffmann，2005）。白景坤和丁军霞（2016）以中国东部沿海地区的高技术产业企业为研究对象进行实证后发现，联盟构建能力可以显著促进联盟企业间的合作创新。

二　合作协控能力与合作创新绩效

合作协控能力是企业在合作创新过程中对联盟对象和合作项目的协调和控制，既包括对合作任务的跟进和管理，也包括企业在联盟整体网络中进行的资源调配，以及对联盟冲突进行柔性方式的化解。作为合作创新的参与方，企业需要履行对合作互动进行监督控制和协调配置的双重任务，这对联盟的效果和发展都具有重要意义。Nunlee（2005）认为，企业间关系的不利因素如信息不对称、投机行为等会导致企业间较低的合作效率。Das 和 Rahman（2010）进一步指出，机会主义带来的关系风险对联盟合作绩效存在影响。因此，企业在通过战略联盟合作获取竞争优势过程中，联盟的协调和控制能力对合作成效发挥着重要作用。

通过对合作项目的控制和管理，会帮助企业逐步在合作中增加参与和监督意识，占据合作的有利位置，具有更高的知情权和支配权。另外，企业在协调和管理联盟活动时会积累丰富的联盟经验，可以运用“干中学”机制掌握更多的有关开展和管理联盟活动的隐性知识，提升合作满意感，为合作创新的顺利完成增加动力和筹码。同时，在对合作协控的过程中，企业从联盟网络有机互动整体的角度出发对联盟伙伴间的状态和依赖关系进行识别和管理，对行动和资源进行协调，这可以帮助其对联盟活动更加有效的治理从而保障联盟合作创新更加顺利（Gulati and Puranam，2005）。不容忽视的是，企业在追求自身发展所需资源时，由于联盟企业间的经营业务可能有所不同，会形成许多不同的发展目标，这些不同的目标之间会导致企业在联盟中发生冲突（Parise and Casher，2003），这时企业与各联盟伙伴及时的沟通和协调显得尤为重要，尽量将目标冲突降到最低，达成满足合作双方意愿的发展目标。联盟企业合作过程中的协控管理可以增强伙伴关系的战略互动，消除隐性的竞争冲突，避免信息沟通障碍，提升合作创新绩效。例如，企业为开发新产品与一家伙伴企业开展联盟合作，为推广现有产品与另一家伙伴企业开展联盟合作，同是相似的产品、存在一样的客户群体，若是极力推广现有产品必定损害新产品研发，若是极力研发新产品又可能侵害现有产品市场利益，企业夹在中间且掌握着信息沟通与工作协调的主动权，制造信息不对称，还是避免信息不对称，结果两败俱伤还是合作共赢，也全凭企业的协控管理能力。此时，企业要做的是如何协调联盟伙伴达成一致行动，获得双方共赢的局面，可能有以下几种选择：首先，新产品开发的差异化策略，厘清原有产品的性能、优势及目标市场，信息反馈给联盟企业进行新产品有针对性的差异化研发，同时将原有产品适当向另外的方向改进，尽量避免同质化竞争；其次，销售市场的差异化策略，根据距离远近、文化差异、成本高低等细分市场，最大限度地将两种产品分别销往不同的地区，也可以在控制限度内适当交叉销售，原则上要互补而不是竞争；最后，时间跨度上的差异化策略，新产品开发与原产品销售之间存在一定的时间差，可以采用间隔销售的方式，在研发期间着重推广原产品，在新产品开发之后适当提升营销水平。因此，联盟合作过程中具体的协调管控工作对于实现较高的合作创新绩效具有关键作用。

三　关系管理能力与合作创新绩效

关系管理能力重点强调企业在合作过程中与联盟伙伴间的沟通与交流以及合作关系的维护和控制。企业对联盟中关系的认知、维系和风险规避等会对联盟间合作质量和效率产生影响。企业联盟网络中往往包含具有不同组织文化、思维方式和运营理念的联盟伙伴，这些差异的存在会提高产生合作冲突的风险。不仅如此，联盟网络中会存在多种多样的联盟关系类型，如非股权的松散结盟形式、股权所有制形式和双方出资共同拥有合营企业等，只有积极处理好不同类型的联盟关系和联盟组合间的复杂关系，才能保证联盟整体的顺利运转，保证充足的精力和配置促进合作创新的成功。

一般来说，关系维护能力强的企业具有较好的沟通与协调能力，即使因为联盟改变了组织边界，打破了原有组织封闭式管理模式，导致契约不完全性与机会主义的可能性增加，有效沟通可以化解冲突与矛盾，协调争端机制也有助于平衡联盟企业之间关系（Levinthal，2004）。在复杂动态的合作进程中，沟通会增加合作双方之间的亲密程度，给合作创新过程产生的摩擦提供彼此了解与达成谅解的机会，能够降低合作风险成本，增加合作信任程度，提升合作满意度。Morgan 和 Hunt（1994）研究证实，沟通对信任和合作具有显著的作用。同时，关系维护还涵盖着关系治理的某些要素和内容，例如对合作嵌入性的关系契约进行关系规范的治理和维护，通过非正式的规则和流程对合作双方进行柔性管理等。社会网络理论指出，联盟企业与其他企业间的关系维护管理对于网络运行具有重要作用，联盟关系的好坏直接关乎企业能否获得以及获得多少所需知识与资源，关系融洽也可以增进交流机会、保障信息畅通，为持续获取竞争优势提供先决条件。当企业以良好的合作态度和方法去处理联盟合作企业间的相互关系时，企业就会在频繁发生的相互关系下不断进行自我调整，通过与对方的相互了解而逐渐相互适应并减少摩擦，对合作产生一定的导向作用，有助于交易的进行和效率的提高，有效地保证长期合作创新时的有序运作和绩效的稳步提升（Madhok，1995）。此外，企业对长期重复发生的相互关系的积极对待和正面预期，有助于提升企业间相互交流的频率和效率，这不但不会增加成本，还会因为关系的重复发生进一步增加合作双边在合作创新过程中知识和信息的共享和转移意愿，帮助企业更好地利用联盟合作的协同作用增加联盟关系的价值。由此可见，处理好联盟企业之间及其可能存在的问题，成为联盟持续健康发展的重中之重。通过关系管理，企业与联盟对象可以增进认识、加深交流，建立互惠互利的合作关系，从而弱化机会主义倾向（Schilke and Cook，2015）：一方面，降低了双方合作过程中的缔约成本，减少了履约过程中不必要的监管成本（王伟光等，2015）；另一方面，强化了联盟企业间分享意愿，促使企业间相互交流技术研发的经验教训，增进了知识改进能力。此外，通过联盟成员深度合作，相互吸收各自的稀缺而又具有高价值的资源（付晓蓉等，2016），在借鉴与揣摩的过程中，有可能再造出有利于实现创新目标的专有资源（Tortoriello，et al.，2016），比如开发新生产技术、创新商业模式等，这些无法模仿的资源优势促进了企业创新绩效不断提高。

基于以上分析，本书提出以下假设：

H1：联盟构建能力对合作创新绩效具有正向影响；

H2：合作协控能力对合作创新绩效具有正向影响；

H3：关系管理能力对合作创新绩效具有正向影响。

第四节　资源获取的中介作用

一　联盟能力与资源获取

企业联盟构建能力强的最大优势在于能够及时识别外部环境并获取外界新颖的知识、技术与资源（March，1991）。企业对联盟整体进行规划并构建联盟关系的过程中，企业运用联盟能力能够对动态环境做出更加积极的响应，对环境和联盟伙伴的预判断会增加企业接触所需资源的机会，缩短组织搜寻资源的时间，提高组织获取资源的有效性。同时，联盟建构能力强就会不断地扩展组织边界，延伸剩余资源利用范围，开发出更多联盟合作伙伴，这些新鲜血液的涌入使得联盟的知识资源不断扩大，对关键知识尤其是隐性知识的搜寻和获取更加容易和高效，并积极影响联盟成员间的知识资源转移（Leischnig，et al.，2014）。联盟构建过程中企业会不断地审视和更新联盟内隐藏资源的质量和数量，为联盟成员间的信息交换和合作行动奠定物质基础。其次，合作协控能力通常会帮助企业把控合作项目的进展和运行以及经营中资源的合理配置，帮助企业在联盟网络中占据中心位置，在合作中拥有更多的话语权和控制权。Arenius 和 Clercq（2005）指出，企业凭借自身的社会地位与声誉占据关系网络较强的位置，通过掌控联盟的决策权获得关键资源的控制权。社会资本理论认为，具有较高的网络位置带给企业的支配权力更大，不仅可以利用教导方式指挥其他节点企业，还决定着关系网络中"嵌入性"资源的重新分配，逐渐扮演网络资源分配中心的角色，对网络知识资源具有更大的控制权（任胜钢和舒睿，2014）。关系维护能力较好的企业善于通过沟通机制建立信任关系，进而保持和提升与联盟伙伴之间的关系质量，这会对联盟伙伴之间知识、信息等资源交换的数量和质量具有重要影响。企业在协调自身与不同伙伴缔结的战略联盟关系的过程中，能够促进联盟网络中知识的有效转移，通过频繁的日常活动会更有效地获取、分析、利用资源。Anand 和 Khanna（2000）研究认为，联盟企业更愿意和具有优秀联盟能力的企业建立深厚的合作关系，双方各取所取，能够从缔结联盟中获取更多资源，分享更多利益。具有优秀联盟能力的企业也善于利用这种能力，扩展自身知识储备边界，发展组织协调能力，使更多联盟其他节点企业逐步认同，并提升了其在关系网络中的影响力，以此为基础，在联盟对外交流合作过程中，企业也获得了更多的资源效用，甚至能够拥有支配其他节点上企业资源的权力。并且，较强联盟能力的企业相对具有较高的扩展能力，能够及时抓住联盟内位置变化的机会，占据关系网络优势地位，并凭借这种优势发掘企业所需的多样化的知识资源，在较短的时间内获得有价值的情报信息资源，改变企业在网络中的知识权力，并发挥"先行优势"（Dacin，et al.，2007）。

综上所述，企业的联盟能力使其获得了“先动者优势”，在掌握更多信息的前提下，可以自主选择最佳的潜在合作对象，利用联盟构建能力进一步优化联盟企业组合，获得了更多的优质资源（Schilke and Cook，2015）。优秀联盟能力的企业凭借其领导与决策的优势，利用协控管理能力调度联盟内的知识、技术、信息等资源，协调联盟企业间的指挥、行动及分配关系，使其能够掌控全局，更加充分地利用资源（Lavie，et al.，2012）。互惠互利的合作机制是企业联盟存在的根基，通过关系管理能力促进联盟企业之间的信任与协同，为企业提升关系网络节点的影响力，及共享知识、技术、文化等稀缺资源创造了必要的环境，通过吸收与再造过程联盟企业及其关系持续保障了关系资源的柔性（Clegg，et al.，2016）。

基于以上分析，本书提出以下假设：

H4：联盟构建能力对资源获取具有正向影响；

H5：合作协控能力对资源获取具有正向影响；

H6：关系管理能力对资源获取具有正向影响。

二 资源获取与合作创新绩效

由于企业自身知识、信息、人才等资源的稀缺性，企业并不具有持续创新所需要的全部资源，尽管一部分资源可以由企业通过购买和自己开发进行弥补，但是多数所需资源难以通过市场渠道获取，导致企业创新的节奏和效果大打折扣，甚至无法完成。资源基础理论认为，企业自身剩余资源存在闲置问题，通过获取外部资源可以改善企业自身资源的约束条件，实现内外资源之间优势互补；同时，社会网络理论认为，企业嵌入关系网络节点，处于较高网络位置可以吸收其他节点的资源效用，处于较低网络位置可以借靠核心节点的能力庇护，从而避免了单一知识资源造成的技术创新能力刚性问题（Mouri，et al.，2012）。因此，合作创新战略给企业带来的资源互补优势显而易见。欧光军指出，企业的创新能力归根结底源于企业对核心资源的占有、获取和利用，提升企业创新能力必须先提升其资源获取能力（孙骞和欧光军，2018）。企业面临的外部联盟资源主要有两大类：以资金为主要形式的显性资源和以技术、知识、信息和人才等为主要形式的隐性资源。研究表明，开放式创新环境中，隐性资源是企业生存发展最重要的资源，企业从内外部获取隐性资源的情况会改善企业创新能力，进而影响创新绩效（孙善林等，2017）。企业在联盟中获取的资源是合作创新的物质基础，可以为合作创新资源的利用和配置起到重要的物质支撑作用，尤其是互补性资源的获取是企业在合作创新中提高创新绩效的关键（李振华等，2017），通过整合外部资源并化为内部创新能力已经成为提升合作创新绩效的重要方式（朱彬钰，2009）。郑烨等（2018）通过实证分析得出，运营资源和知识资源的获取均会显著提高企业创新绩效，相比较而言知识资源获取的作用会更加显著。总结来说，企业资源获取能力越大，越有可能形成创新能力，提升创新绩效。赵琳研究发现，对于流通企业合作绩效而言，异质性资源互补更能促进企业之间合作创新，促成联盟形式的建立（赵琳，2019）。

基于以上分析，本书提出以下假设：

H7：资源获取对合作创新绩效具有正向影响。

三　资源获取对联盟能力与合作创新绩效间关系的中介作用

本书研究认为，资源获取在联盟能力与合作创新绩效之间起中介作用，即企业的联盟能力会首先对资源获取产生影响，再进一步造成合作创新绩效的差异。对于联盟企业尤其是新创企业而言，之所以通过外部获取更多有效资源，例如采纳外部专业性建议、互补性地吸收和整合外部资源并提高对这些资源的有效利用，是因为资源获取对企业成长具有重要意义（Audretsch and Lehmann，2004）。Rosenkopf（2006）研究指出，联盟能力越高，企业可以更加充分地利用联盟中蕴含的网络资源从而进一步创造更高的创新收益。建立联盟并开展合作创新的根本目标是获得高合作创新绩效，资源基础理论认为企业绩效来源于稀缺资源，构建联盟的目的就是充分利用企业剩余资源，而企业能力理论将这种资源进一步扩展为动态能力的有效发挥，要研究合作创新绩效，必然需要弄清楚联盟能力与资源获取之间的作用机制。从合作方面来看，获取稀缺资源和互补资源是促使合作创新发生的动力也是企业最直接、最可观的受益。知识、信息等资源获取关涉联盟企业合作创新所需要知识的存量和质量以弥补自身资源的短缺，从外部获取资源并进行消化和应用正是企业社会性过程的体现。尽管联盟能力会带给企业生产运营和决策行为以及绩效方面的优势，但是这种优势的实现需要载体和传导机制，资源是联结合作双边的纽带，合作的有效催化剂和合理的传导源无疑也是资源。为了从联盟合作中获取多种丰富的资源，企业借助联盟能力对资源进行全面的搜寻，以吸收外部有效资源实现对现有创新的更大改进。

构建合理的联盟网络仅仅是合作创新得以顺利进行的基础条件，如何将构建的合作关系达到最佳绩效才是企业关注的重点。当企业拥有较强联盟构建能力时，会对外界环境孕育的各种优势合作伙伴和合作机会更加敏感，可以帮助企业在快速选择联盟对象的基础上识别和确认联盟网络中所触及的技术和知识等资源的特征信息，为顺利开展合作创新打下坚实的物质基础。通过对外部合作关系的选择和评估，确定优势合作方并与其建立联结的过程，也是对合作对方资源存量和质量进行判断和了解的过程，通过熟悉和了解进一步强化资源获取的驱动力，在资源驱动下企业会提高合作创新的期待和意愿，建立起合作默契来保证合作创新关系的稳定，提高合作满意程度并更新自身创新能力。另外，企业对合作任务的跟进和管理、对自身及联盟整体中蕴含资源的整体调配，会帮助企业在合作创新进程中保持更加清醒的认知并拥有有利的权力和更多的话语权，通过对联盟对象和合作项目更加深入的了解可以有选择地吸收对自身创新和战略有益的资源，通过对整体资源的调配进一步对某一合作项目中所需资源进行梳理和应用，提高合作项目完成效率，达成合作创新目标。此外，管理和维护好联盟伙伴间良好的合作关系可以帮助企业形成广泛与深入的信任基础和沟通机制，有利于对信息、知识等资源的共享和传播，形成关系管理能力的循环累积效应并出现合作创新绩效螺旋式上升过程。

前文分析表明，企业联盟能力会对资源获取具有显著的正向影响，即当企业具有联盟构建能力较高、合作协控把握较好以及关系管理较为妥当时，企业会获取更加充分和有效的资源；并且，高效的资源获取会对企业合作创新绩效发挥显著的作用。因此，联盟能力帮助企业识别合理资源，通过对资源的吸收、消化和再应用提高合作创新绩效，增强企业的竞争力。

因此，综合以上分析，本书提出以下假设：

H8：资源获取在联盟构建能力与合作创新绩效的关系中起到中介作用；

H9：资源获取在合作协控能力与合作创新绩效的关系中起到中介作用；

H10：资源获取在关系管理能力与合作创新绩效的关系中起到中介作用。

第五节　资源承诺的中介作用

一　联盟能力与资源承诺

战略联盟是一种虚拟的企业合作形式，它的网络化特征使其并不局限于空间、行业及价值链条而存在，催化联盟成员间的关系以利益为连接纽带，通过专业化分工产生交互关联性，利用协作化分工构建多重合作关系，这种协同优势更为持久。联盟能力是一种重要的组织能力，它反映出企业在开展战略联盟过程中的思维和模式，保证企业在联盟合作创新中的战略性和嵌入性，可以较好地影响企业开展联盟活动过程中的资源投入以及优势构建行为。资源基础理论将联盟企业合作过程中的核心资源积累作为中心任务，企业使用剩余资源再造核心能力，由此延伸出的动态能力理论不仅注重核心资源与核心能力的作用，而且将这种能力放置于复杂多变的环境之中，形成了使用与配置资源的动态能力。因此，在联盟能力的实践作用下，在合作过程中如何配置和投入资源对合作创新的进行和目标完成显得尤为重要。在合作创新战略实施时，先动能力较强的企业会更容易发觉自身资源的匮乏性，为获取外部资源会产生寻求合作更加强烈的愿望，这也就使企业会有更强的意愿投入更多的资源和精力来建立和维护联盟合作，形成关系强度较强的联盟网络（Marino，et al.，2002）。同时，企业在合作创新进行中的协调和控制会帮助企业清楚地意识到合作创新进行的阶段、距离目标达成的差距以及合作所需资源状况，向合作项目投入所需资源会相对有的放矢，对资源承诺的回报会充满更多的正面预期，以此在合作创新进行中呈现出资源投入的循环累计效应。此外，企业善于利用联盟关系与合作项目，可以帮助其占据关系网络的中心位置，获得更多的权威优势与在位优势，使合作创新收益源源不断流入，显然，这比关系网络边缘位置的企业要注入更多的联盟维护成本。并且，公平偏好会影响企业在合作创新中的资源投入，由于联盟内部契约不具有完备性，缔约联盟企业存在非正式的组织形式，增加了机会主义的概率，为保证合作过程的公平性，必然需要加强合作的协控能力与关系管理能力，因此，往往企业采取演化稳定策略选择投入更多的资金、技术等资源来达到预期甚至翻倍的收益（嵇留洋等，2018）。与此同时，友好的信任基础是资源承诺的重要保障，企业在进行联盟关系管理时，频繁的沟通和联系会维护联盟的合作强关系，关系的管理与维护也会强化联盟成员的规则意识，统一联盟成员的行为规范，加深成员之间的信任基础，健全联盟内部有效的沟通机制，使关系网络中各个节点的企业能够认同联盟合作关系，增强联盟企业之间的知识、信息及资金的契约意识。若联盟企业在资源结构方面产生相互依赖和信任，并及时进行有效的沟通和交流，联盟企业之间的资源承诺就会随之增强。Uzzi 和 Spiro（1997）在研究美国百老汇剧目创作者网络时，发现社会网络可以根据路径长短区分聚类关系的高低，通常小世界网络的聚类关系更高一些，尤其在较为封闭的网络中，这种较强的聚类关系能够提高节点之间的信任程度，可以说在某种程度上进一步加强了网络中企业的资源承诺。

基于以上分析，本书提出以下假设：

H11：联盟构建能力对资源承诺具有正向影响；

H12：合作协控能力对资源承诺具有正向影响；

H13：关系管理能力对资源承诺具有正向影响。

二　资源承诺与合作创新绩效

通过合作达到潜在价值的实现是企业间联盟的最终目标，企业在联盟合作中获取的组织绩效实质上是组织从联盟关系中获得的价值和竞争实力。资源不足、风险过高等自主创新客观环境推动企业间合作是合作创新发生的前提，因此，合作需要投入资源，必须双方的共同努力来保证合作资源的充足，因此，企业的资源承诺对于合作创新项目的顺利开展、合作关系的长久稳定和合作目标的满意程度具有重要意义。

由于企业自身理性和信息不对称等不确定性因素的存在，在合作创新双方间往往会出现不对称特点，这也是联盟合作风险的主要来源之一（Huo，et al.，2017）。资源依赖理论认为，组织间依赖关系的不对称性存在依赖优势和依赖劣势两种表现（Emerson，1962），资源的需求方会逐渐形成对资源输出控制方的依赖，尤其当企业所需资源稀缺性程度提高时，会直接增加企业对资源输出方的依赖程度。因此，当企业作为资源输出方对合作创新提高资源投入和输出时，往往会帮助组织在外部环境中拥有有利的依赖结构和权利位置，建立合作创新的资源依赖优势，一方面充足的资源可以保证合作创新项目的开展和进行，另一方面会使合作创新朝向有利于自身的角度转变，产生合作溢出效应。同时，企业的组织承诺往往意味着致力于与联盟伙伴合作的态度和程度，特定于合作创新关系的资源承诺标志着企业强调和重视通过合作创新来创造更大价值，这对于合作关系的连续性和实现长期最大化利益至关重要。并且，从资源视角来看，组织承诺有助于实现企业合同协作的全部价值，信息共享、对关系资本投资等资源承诺从某种程度来说是一种默契化与内在化的非正式控制措施，可以帮助企业减少因合作成员目标不一致性和组织偏好差异造成的合作不确定性风险（Huang，et al.，2014），最终实现互惠互利的合作创新“双赢”。此外，合作资源投入的增加能够赢得联盟对象对未来合作的信任，建立起的亲密关系会促使合作间的相互认同，会激发联盟伙伴履行合作创新的积极性，提高合作关系的协调性和灵活性，为未来的长期合作奠定良好基础（Wu and Cavusgil，2006）。资源承诺不是防范合作机会主义行为的保障，但交易专用资源与企业专用资源相结合，有可能增强协作专用租金，而擅自减少和挪用需要用于特定交易的资源某种程度上会减少企业在合作中获取的租金。因此，合作中的资源投入是减少机会主义和提高联盟合作质量的有效途径。陈晓峰研究表明，关系专用性资产投资在提升关系质量方面具有重要作用，关系专用性资产体现在关系资源与关系能力上面，在这两个方面的寻找、构建、维系等投入越大，企业越能够获得更为宽泛的合作受益面（陈晓峰，2017）。

基于以上分析，本书提出以下假设：

H14：资源承诺对合作创新绩效具有正向影响。

三　资源承诺对联盟能力与合作创新绩效间关系的中介作用

战略联盟是企业进行资源共享、合作创新的重要渠道，联盟双方往往既具有一定的竞争冲突又存在外部合作的关系。合作的完成需要联盟双方共同付出和投入，不仅需要显性资本的投资更需要隐性资源如智力资源等的积极投入，通过优势互补建立自身的竞争优势。在合作创新中，联盟伙伴间是否愿意投入资源关乎联盟合作的成功，当前联盟管理中存在的一个重要问题就是如何提高联盟伙伴的资源投入量来提升联盟的成功率（Amaldoss and Meyer，2000）。然而，盲目的资源输出不仅会增加合作创新成本，也会产生知识、信息等资源泄露的风险，较强的联盟能力可以使企业资源承诺保持理智和合理化，保障资源在合作中投有所用，并有效预防出现知识泄露等一系列风险。因此，联盟能力决定着企业在合作创新中的资源的投入行为和方式，以资源承诺为媒介影响着合作创新绩效的高低。

联盟构建能力强的企业在合作关系构建伊始会占据更高的主动权，往往会有更强的意愿通过更快、更有效地传递资源和信息等行为吸引自己心仪的联盟伙伴，为企业间合作创新的实现提供更大的可能，保证后续合作创新的顺利开展。Chang 和 Rosenzweig（2001）认为，组织需要根据组织自身需求和环境条件来实施相匹配的资源配置，做出对应的资源承诺决策。企业对合作协控的过程就是审视自我和合作环境、确切了解和监督合作伙伴资源投入量的过程，这种能力会帮助企业更好地嵌入联盟网络，提高合作关系的嵌入性和结构位置，更好地把握对机会的识别和利用以及对风险的感知，促进合作双方公平机制的建立，保证合作分配的合理性，这会促进企业在合作中的知识和信息贡献，保障合作所需资源的投入，保证合作战略目标的实现。盛亚和张文静认为，在合作中机会主义的发生从根本上讲是因为自利本性的存在，合作双方的信息不对称、市场环境的不对称甚至有限理性思维都会影响到企业采取高风险的机会主义行为（盛亚和张文静，2014），影响合作创新的进行，所以企业对合作活动的管控会帮助其建立对合作风险和机会主义的控制机制，在合作中收获资源的同时通过资源的输出来平衡资源依赖地位，摆脱资源依赖的劣势和被动，很好地降低合作对方的机会主义风险，风险的降低会促使企业对合作投入和承诺的意愿，促进合作关系持续发展。此外，战略联盟是一个关系网络，合作企业以复杂的模式相互联结，关系管理能力强的企业会与合作方有更多的联系沟通，对复杂关系的妥善管理，有利于资源的流动效率（郑向杰和赵炎，2013），会通过构建双方信任进一步最大化资源承诺。企业联盟中由于彼此之间的密切关系和稳定合作，获取资源的障碍会降低，进一步有利于隐性知识等资源的共享和获取（McEvily and Marcus，2005；Collins and Hitt，2006），企业向外资源承诺的愿景会更加强烈（Flap and Volker，2004），合作创新模式就会更为开放，促使深层次、高质量的合作创新发生，形成正向累计循环效应。因此，联盟能力不仅可以提高企业获取资源的可信度，更是提升了企业之间贡献资源的意愿和质量，促进对合作创新起关键作用的隐性知识和信息等资源的转移（Zander and Kogut，1995），将资源凝聚化、系统化进一步作用于合作创新绩效。

综合以上分析，本书提出以下假设：

H15：资源承诺在联盟构建能力与合作创新绩效的关系中起到中介作用；

H16：资源承诺在合作协控能力与合作创新绩效的关系中起到中介作用；

H17：资源承诺在关系管理能力与合作创新绩效的关系中起到中介作用。

第六节　联盟黏性和管理者解释的调节作用

从认知心理学理论来看，认知主要包括个体认知和集体认知两个层面，而集体认知又取决于个体认知、集体冲突以及决策情境的变化（Brockmann，1998）。基于行为战略视角，企业能力发挥作用的过程中，企业具体行为往往会受到来自内部和外部环境的共同影响，战略的制定和实施取决于高管的认知和外部实际环境。认知是反映组织中的管理者对外部环境以及行动与结果之间因果关系的态度和看法，而实际外部环境是企业发挥能力、实施行动的客观影响因素。因此，本书将纳入管理者解释作为联盟能力影响资源获取和资源承诺的企业内部情境变量，选取联盟黏性作为联盟能力实施的外部情境变量，对联盟能力如何影响合作创新绩效的路径机制进行更加全面的探讨。

一　管理者解释的调节作用

近些年，学术界开始对企业高级管理者的个人特征如何影响企业创新活动进行关注（陈守明等，2011），关于高管对环境认知的探索已经逐渐成为管理科学研究所关注的重点。管理者解释是企业内高层管理者对外部环境的“一组相关信息的集合”，最终反落脚为将外部环境解释为机会或者威胁的主观意识。基于动态视角来看，管理者解释基于有限理性假设，企业高层管理者根据其认知结构判断并利用市场机会，将之转化为企业行为，实际上是一个信息获取、筛选与处理的过程（Adner and Helfat，2003），从这个层面来说，高层管理者认知决定企业战略行为的发生。Helfat 和 Peteraf（2015）指出，管理者是外部环境的解读者与机会的识别者，他决定着战略行为的贯彻执行方式和效率，因而，管理者是企业资源能力演化升级的微观来源，管理者的认知水平体现了企业资源能力的高低，能够帮助解决能力的无限溯源问题，成为企业能力生成的重要微观基础。Heimeriks 和 Duysters（2007）在对 192 家企业所形成的 3400 个战略联盟进行研究后指出，企业高级管理人员是企业的核心能力，是构建联盟以及管理联盟的推动者，管理者能否及时关注外部环境并动态调整联盟组合，对联盟发展具有重要作用。因此，当管理者将外部环境解读为机会时，会在企业内营造出鼓励合作创新的环境，并放松对外部恶意竞争和机会主义的警惕，无论在联盟的构建初始、联盟合作的协控阶段还是关系维护中都会对合作创新具有积极的心理暗示，对合作乐观的信念和热情的态度会在企业内部转化为积极行为，为合作创新营造出更为融洽的价值观念和氛围。此时，企业会在实施联盟能力的基础上更容易获得先动优势，与合作创新伙伴建立更加牢固的合作关系，通过积极深入的了解和沟通，具有更大的意愿去挖掘合作创新中的隐性知识，在协控合作过程中打开更加宽泛的资源获取通道，不断地增强对信息和知识的识别并获取和吸收，最终内化为企业自身的竞争优势。同时，管理者对机会把握的强烈欲望会增加企业对合作创新和外部科技知识的关注度，有利于在联盟的构建和管理过程中更加敏锐和高效地捕捉异质性资源并将其同化到组织之中。不容忽视的是，管理者是企业的灵魂，是企业发挥能力实施战略的决定者。长期以来，管理者解释会逐渐影响企业的组织行为惯性和选择逻辑，乐观积极的机会解释往往会带来更加开放、更加宽松的企业创新文化；管理者将环境解读为威胁解释时，企业往往会处于竞争紧张和戒备状态，进一步使企业对外交流通道更加狭窄，在联盟能力发挥作用时采取更加谨慎小心的态度来对待联盟关系，这无疑会降低对联盟中资源的吸收和应用。Schreyogg 和 Kliesch-Eberl（2007）研究发现，管理者解释处于动态变化之中，它打破了企业能力的刚性原则，管理者通过高阶演进或者动态演变，借助于认知的惯例推动企业能力逐渐演化，进而可以保持长久的竞争优势。因此，管理者对外部环境的解读将直接影响企业能否构建更高层次能力实现与环境的相互匹配，同时，对情境因素的聚焦会进一步影响对资源编排的战略决策（Teece and Pisano，1994）。

组织结构化理论指出，企业行为取决于管理者的认知，在管理者根据学识、经验及知识判断外部机会与威胁之后采取战略行为，企业行为决定企业绩效的获得，所以，管理者的认知与企业行为在一定程度上是相互依赖、相互影响的。高阶理论认为，企业高层管理者对外部环境的关注和阐释将会作用于企业的战略选择，管理者的有限理性和认知模式会影响企业创新投入（Hambrick and Mason，1984）。Dutton 和 Jackson（1984）认为，企业管理者一般会从三个层面的感知出发，即判断外界环境是消极—积极（Negative-Positive）、企业能够因为付出行动而获得损失—获益（Loss-Gain）、在创新活动的过程中是不可控—可控（Uncontrollable-Controllable），以此界定外部环境中是存在机会还是构成威胁，而且这种识别扎根于管理者自身的认知范式，取决于其对环境机遇或挑战的判断，进而影响企业战略决策。换句话说，管理者对外部环境的理解和解释会干预企业在日常中的战略投资行为。合作创新需要合作双边投入充足的资源，当管理者认识环境并识别为市场机会，判断采取行动会相对获利较多时，更可能积极主动的合作创新，增加合作创新的投资，并鼓励企业员工参与。虽然，联盟合作关系往往伴随较高的风险性与不确定性，但企业积极对待合作创新的态度，充分认识获益的多少以及明确合作创新过程的可控性，也将在一定程度上减少投机行为和弱化自利行为。联盟合作伙伴之间一旦形成亲密关系，无意间就会提高企业信息、知识等资源的分享意愿，同时也促使合作伙伴不同程度地采取积极合作的行动，尽可能地投入所需资源为合作创新的长期关系做出贡献，使其更好地帮助联盟能力发挥“由内向外”的资源驱动。

基于以上分析，本书提出以下假设：

H18：管理者解释对联盟能力与资源获取的关系起正向调节作用，即当管理者解释外部环境为机会时，联盟能力对资源获取的正向作用增强；

H19：管理者解释对联盟能力与资源承诺的关系起正向调节作用，即当管理者解释外部环境为机会时，联盟能力对资源承诺的正向作用增强。

二　联盟黏性的调节作用

权变理论认为，将外部环境与组织管理进行交互匹配是研究企业行为和绩效的重要路径。Thompson（1967）指出，在组织行为与战略管理领域，环境因素是解释企业运营状态及其行为的重要变量，包括政治、经济、社会、技术等因素，对企业运营产生重要影响。所谓联盟黏性，是指企业在受到外部环境因素的影响下，为适应变化而选择合作伙伴进行互补性交易在合作过程中所形成的关系依赖程度。由于在联盟网络中各个网络节点所掌握的资源与能力有所差别，企业目标、擅长领域、管理者偏好等各有特色，导致各个节点在合作过程中对于其他节点产生不同程度的依赖，大企业试图掌控全局，小企业试图借力造势，在这种情形下就形成了联盟网络黏性，如果企业对联盟的依赖程度高，则说明联盟网络黏性强，换句话说，它所描述的是一种联盟关系强度和关系变动倾向。已有研究表明，网络黏性既有可能促进也有可能阻碍网络成员各类经济活动，有利于内部知识转移，加速网络资源的流动与扩散，缩短创新周期，曾伏娥和严萍（2010）从组织间合作战略视角认为企业间信任关系和业务网络会影响能力的发挥并促进企业实现最优绩效。然而，如果联盟黏性过高，企业之间合作的程序化倾向就会过重，甚至增加内部官僚成本，不利于企业适应外在环境的变化，还可能导致联盟内部闭塞，信息与知识等资源难以形成耗散系统，产生资源获取的负面影响。企业联盟实质上是一个松散耦合结构的组织，企业之间的合作源于彼此的利益关系，通过联盟网络黏性有助于明确企业间的关系强度，使其更为重视长远利益，而不是“搭便车”行为，这在一定程度上将强化联盟成员之间的资源与能力的交流，避免不必要的扯皮现象，有助于降低合作创新风险，加速企业资源在联盟内部相互流动、扩散及获取的频率，这种积极的环境有利于促进企业联盟能力的发挥和效率的提升。

当企业嵌入联盟网络之中，必然存在剩余资源，同时迫于自身资源的局限性，会对外部资源产生依赖性，在这种压力下使企业选择合作共赢的方式，故而，联盟企业间的依赖程度决定着联盟能力发挥效果的提升，它驱动着联盟企业倾向于合作创新（Bouncken, et al.，2015）。由于各联盟中企业所掌握的资源和能力不同，导致企业联盟合作创新过程中，企业与企业之间产生了依赖，从而形成了联盟黏性。联盟黏性某种程度可以反映联盟企业之间进行合作创新的关系程度，由于企业的联盟构建能力、协调控制能力和关系管理能力的不同，联盟黏性程度在企业联盟能力对资源承诺过程中起着重要作用。企业联盟蕴藏着一些难以替代的稀缺资源，比如核心技术、市场渠道等，这些资源越是重要，企业的联盟黏性就越大，越发使需求这种资源的联盟伙伴更倾向于采取合作的方式极力维持联盟关系（Soda，et al.，2011）。同样，联盟黏性越大，说明企业自身拥有资源与联盟蕴藏资源之间存在的互补性越强，它们之间有着一种难以割舍的依赖关系，更能维系联盟的长期稳定的合作与创新。也正是这种联盟黏性及稀缺资源的存在，将联盟企业紧密联系在一起，使大多数成员都能积极主动合作，保证联盟有效运行，也因此会减少合作创新过程中的冲突和矛盾。联盟黏性使联盟成员之间关系更加紧密，合作的承诺具有前后一致性与连续性，企业依赖更多体现为未来的合作价值。此外，联盟黏性也会约束企业行为，为联盟企业指明了合作的方向，使其价值取向、合作行为更为趋同（Gulati and Sytch，2007），在此基础上缔结的契约，也使各成员能够谨守诺言、慎重履约，保证了联盟合作的稳定性。

基于企业联盟能力视角下，联盟黏性强化了企业成员之间的联系和资源承诺，企业也在长期合作过程中达成一种信任的默契，增进了管理者之间的人际情感交流。所以，较高的联盟黏性促进了企业间良好的合作关系，推动了“情感式合作”的形成（Wittmann and Hunt，2009），更有利于联盟企业相互间的资源获取与利益共享。

基于以上分析，本书提出：

H20：联盟黏性对联盟能力与资源获取的关系起正向调节作用，即联盟黏性越高，联盟能力对资源获取的正向作用越明显。

H21：联盟黏性对联盟能力与资源承诺的关系起正向调节作用，即当联盟黏性越高时，联盟能力对资源承诺的正向作用增强。

三　附加假设

就一定意义上而言，企业的联盟战略和合作创新过程是由企业高层管理者塑造和推动的。作为联盟合作创新的决策者和负责人，管理者解释对于企业合作战略选择至关重要，而且指导着合作行为的整个实施过程，因此，管理者认为外部条件较为积极，将外部环境解释为机会时，企业行为的作用机制会更加有效，资源获取和资源承诺在联盟能力和合作创新绩效之间会发挥更大的传导作用，联盟会增加联盟能力对资源流动的影响力度并进一步作用于合作创新绩效。此外，权变理论认为，组织能力的有效发挥依赖于外部环境的匹配程度，组织活动只有在合适的市场机会选择中才能实现组织高绩效目标，否则，不能权变适应环境变化的组织必将被环境淘汰。所以，在“能力—行为—绩效”的研究路径中，联盟黏性作为企业合作创新外部环境要素对资源获取和资源承诺中介机制的调节作用不容忽视，当联盟具有较高黏性时，会产生联盟能力对资源摄入和流出的累积效应并进一步提升合作创新绩效。

基于上述分析，本书提出：

H22：管理者解释正向调节资源获取在联盟能力和合作创新绩效之间的中介作用；

H23：管理者解释正向调节资源承诺在联盟能力和合作创新绩效之间的中介作用；

H24：联盟黏性正向调节资源获取在联盟能力和合作创新绩效之间的中介作用；

H25：联盟黏性正向调节资源承诺在联盟能力和合作创新绩效之间的中介作用。

第七节　研究假设小结

根据上述推导，现将本书的理论假设列表如表 3-1 所示。

表 3-1　　企业联盟能力与合作创新绩效关系的理论假设汇总

假设	内容
	联盟能力与合作创新绩效
H1	联盟构建能力正向影响合作创新绩效
H2	合作协控能力正向影响合作创新绩效
H3	关系管理能力正向影响合作创新绩效
	中介效应检验

续表

假设	内容
	资源获取的中介效应
H4	联盟构建能力正向影响资源获取
H5	合作协控能力正向影响资源获取
H6	关系管理能力正向影响资源获取
H7	资源获取正向影响合作创新绩效
H8	资源获取在联盟构建能力与合作创新绩效的关系中起到中介作用
H9	资源获取在合作协控能力与合作创新绩效的关系中起到中介作用
H10	资源获取在关系管理能力与合作创新绩效的关系中起到中介作用
	资源承诺的中介效应
H11	联盟构建能力正向影响资源承诺
H12	合作协控能力正向影响资源承诺
H13	关系管理能力正向影响资源承诺
H14	资源承诺正向影响合作创新性绩效
H15	资源承诺在联盟构建能力与合作创新绩效的关系中起到中介作用
H16	资源承诺在合作协控能力与合作创新绩效的关系中起到中介作用
H17	资源承诺在关系管理能力与合作创新绩效的关系中起到中介作用
	调节效应检验
H18	管理者解释正向调节联盟能力与资源获取的关系
H19	管理者解释正向调节联盟能力与资源承诺的关系
H20	联盟黏性正向调节联盟能力与资源获取的关系
H21	联盟黏性正向调节联盟能力与资源承诺的关系
	有调节的中介效应
H22	管理者解释正向调节资源获取在联盟能力和合作创新绩效之间的中介作用
H23	管理者解释正向调节资源承诺在联盟能力和合作创新绩效之间的中介作用
H24	联盟黏性正向调节资源获取在联盟能力和合作创新绩效之间的中介作用
H25	联盟黏性正向调节资源承诺在联盟能力和合作创新绩效之间的中介作用

资料来源：笔者自行整理。

本章从资源视角出发，围绕研究目的和拟解决的问题，基于企业能力理论、资源基础理论、资源依赖理论、管理者认知理论以及权变理论等多个理论，运用文献梳理方法，对本书研究假设进行逻辑推理，主要包括联盟能力对企业合作创新绩效的影响研究及其作用机制，指出联盟能力对合作创新绩效的作用机制是通过资源获取和资源承诺实现的，并引入内生情境变量管理者解释和外生情境变量联盟黏性对这一作用机制进行更加全面的讨论，经整理，最终共提出 25 个假设。

第四章

研究设计

实证研究通常在现有成熟量表的基础上对研究所涉及的核心变量展开问卷设计，通过纸笔问卷方式对相关数据进行获取和收集，能够帮助研究者深入探讨变量之间的定量关系并验证研究提出的理论模型。本章将在第三章的基础上，对研究设计工作进行详细阐述。首先，参照相关原则、流程进行问卷设计，并对研究设计进行详细阐述，对理论模型中各变量的测量题项进行梳理和说明。其次，通过问卷预测试和修正，最终得到正式调查问卷，以确保对第三章理论模型展开高质量的实证研究。

第一节　问卷设计

一　问卷设计原则

在企业管理的研究领域，学者通常会通过问卷调研和访谈调研的方式来进行一手数据收集。本书研究通过实证分析进行假设验证，因此采用问卷调研的方式来进行数据收集工作。科学准确的问卷设计对最终获取数据的质量具有至关重要的作用，也影响整个研究的论证过程。因此，问卷的设计应该遵循目的明确、简单明了、非诱导性等原则。

第一，问卷的题项设计要目的明确。在问卷设计过程中，要明确测量概念，并准确表明研究目的。本书围绕联盟能力、资源获取、资源承诺、合作创新绩效、管理者解释和联盟黏性等变量进行问题研究。在本书问卷设计过程中，要充分表明上述概念，让被试者能够明确题项内容，保证数据收集的合理性。第二，问卷的题项表述要简单明了。在问卷设计过程中，题项语句不能晦涩难懂，要让被试者理解题项含义，便于回答。在本书问卷设计过程中，明确主要测量概念的同时，既要采用以往国内外学者的成熟量表，也要进行本书研究情境下的语句转换，符合被试者的阅读习惯。第三，问卷的题项设计不可具有诱导性。具体表现为语句不可使用情感明确、色彩鲜明的词语，尽量使用中性词进行语句描述。当然，在问卷设计过程中，也要避免让被试者通过回忆思索，以及普遍意义的思维规范等进行问卷作答，避免被试者不按照其内心的真实想法进行问卷作答。

二　问卷设计流程

问卷整体要完整，既要有指示语做引导，也要在末尾处书写感谢语。本书研究将按照指示语、企业基本信息、题项问答、被试者人口统计特征、感谢语的顺序进行问卷设计。第一，通过指导语提示，让被试者了解调研问卷的目的，同时表明调研过程为纯学术研究需要，填写内容全程保密，让被试者可以安心作答。第二，询问企业的性质、年限、所处行业、员工数量等基本信息，以及进行最重要的题项问答环节，要对各概念进行充分的文献梳理和归纳，整理各变量各概念的既往权威测量题项；根据本书研究目的，选取最符合本书研究情境并最能体现本书研究内容的权威量表，外文量表要通过多轮的“翻译与回译”过程进行本土化语句翻译。第三，邀请专业领域的专家和博士生等进行题项校正和修改，形成初步问卷，需要明确的是，本书采用的是 Likert-5 点量表；因为本书研究面向企业，所以先选择部分企业进行小范围的预调研，根据预调研情况对问卷进行微调和优化，形成最终问卷的题项测量部分。第四，进行被试者的人口统计调查，具体包含被试者的性别、年龄、学历、工作年限等基本信息。第五，对被试者表示感谢。

第二节　变量测量

一　变量选择

本书研究中主要涉及前因变量、中介变量、因变量、调节变量和控制变量5种类型的变量。前因变量又称作解释变量，是引致因变量产生变异的前因条件或外生因素。因变量又称作被解释变量，根据前因变量的变化而产生一定规律性的变化。中介变量旨在剖析前因变量引致因变量变化的传导机制，进一步解读和说明前因变量和因变量之间的内在关系，用来解释自变量与因变量是怎样联系的。调节变量是指调节一组关系的变量，往往影响着两个变量之间关系的方向和强弱。控制变量用于控制一定的影响因素从而得到真实的实证结果，它不属于研究的重点变量或感兴趣的变量，往往属于非实验因子。根据前三章的阐释，在本书研究中，联盟能力属于自变量，资源获取和资源承诺属于中介变量，合作创新绩效属于因变量，联盟黏性和管理者解释属于调节变量，本书共有6个主要变量，表4-1对研究模型中涉及的变量进行了列示。

表4-1　　模型研究变量

模型构成	变量名称
前因变量	企业联盟能力
中介变量	资源获取、资源承诺
因变量	合作创新绩效
调节变量	管理者解释、联盟黏性
控制变量	企业规模、企业年限、企业所属行业、企业性质

二 解释变量——企业联盟能力的测量

自学术界对战略联盟展开研究以来，学者从不同视角对联盟能力的概念给出不同定义，虽然角度不同，但都反映了企业如何运营联盟的本质。结合已有研究以及开展研究过程中对相关领域专家学者和企业高层领导的访谈，本书将联盟能力定义为：企业构建有利于自身发展需要的战略联盟并对整体联盟网络进行有效管理以获取竞争优势和提升绩效的能力；并从两个层次即战略层次和操作层次出发，进一步拓展和重构联盟能力，最终将其划分为三个维度。其中，战略维度意在企业从战略性和全局性对战略联盟整体进行规划和把握，对应的是联盟构建能力；而操作维度更加注重战术性和局部性，从企业对双边联盟和联盟组合的日常行为细节入手进行分析，对应的是合作协控能力和关系管理能力。参照芮正云和罗瑾琏（2017）、Simonin（1997）、殷俊杰和邵云飞（2017）已有研究，联盟能力测量量表如表 4-2 所示。

表 4-2　　联盟能力测量量表

测量维度	题项		来源
联盟构建能力	ADC1	能够及时关注行业技术发展和市场变化以识别潜在合作机会	芮正云和罗瑾琏、Simonin、殷俊杰和邵云飞
	ADC2	能够通过多种渠道和途径收集潜在联盟伙伴	
	ADC3	能够清楚以何种策略率先与优质企业建立联盟以占据竞争先机	
	ADC4	能够明确合作目标并准确判断不同联盟的发展潜力和价值	
合作协控能力	ACC1	能够协调跨联盟的活动和战略，妥善处理现有联盟间的兼容性	
	ACC2	能够根据不同目标协调多个联盟伙伴间进行的创新活动	

续表

测量维度	题项		来源
合作协控能力	ACC3	能够有效地进行联盟谈判	芮正云和罗瑾琏、Simonin、殷俊杰和邵云飞
	ACC4	能够妥善处理联盟合作中的冲突问题	
关系管理能力	RGC1	能够建立基于互相信任和承诺的联盟关系	
	RGC2	能够与合作伙伴及时联系和拜访以满足双方的信息需求	
	RGC3	能够面对困难具有灵活性并适应联盟伙伴	
	RGC4	能够及时终止联盟合作关系	

三　中介变量——资源获取、资源承诺的测量

本书的中介变量为资源获取（RA）和资源承诺（RC）。参考已有相关文献，基于文献综述部分对国内外学者研究成果的分析，本书研究将资源获取定义为：企业将战略联盟利益相关者的外部资源纳入企业内部并为其所用的过程，将资源承诺定义为：企业为维护和促进联盟长期稳定发展由企业内部向外部联盟注入资源的意愿和行为。资源获取和资源承诺分别表示企业资源与外部联盟交流的不同方向，前者表示流入企业的资源，后者表示企业流出的资源。

（一）资源获取的测量

在对联盟企业资源获取研究时，本书把资源获取看作连贯的决策和行为进行分析，结合前人研究视角，将资源获取的内容、方式和效用等多层次要素进行整合，提出新的划分维度：资源获取质量和资源获取效用。其中，资源获取质量主要衡量企业获取资源的内容，对企业获取信息、知识和资金等资源的数量和质量进行分析，考察企业在联盟合作过程中是否有充足的资源来源渠道和路径，能否根据战略所需有目的地获取各种资源；而资源获取效果是指获取上述资源后企业为其所用的情况以及达成的效果，主要考察企业花费精力和时间等成本来获取的资源能否与企业进行匹配，协调地服

务于企业，为企业带来实际的生产力。

知识是企业最重要的资源之一，需要不断的补充和学习。企业在合作创新过程中，需要技术和知识的支撑，借助联盟合作对外部知识获取能够弥补创新动力不足进一步拓展技术知识；资金贯穿于创新的各个环节，资金资源对于企业合作创新中项目的推进和企业权力的维护非常重要，是日常创新合作的根本保障；信息化时代下，掌握市场信息能给企业带来绝对优势，企业能否及时高效地抢占和获取信息的先机成为能否保持合作主动性的重要条件。所以，在资源获取质量方面，将从信息资源、知识资源和资金资源等的获取情况以及获取成本方面进行考察；资源获取效用主要从所获取资源的有效性和可利用性方面出发，对获取信息的效度进行测量。借鉴 Das 和 Teng（2000）、Wiklund 和 Shepherd（2010）、Audretsch 和 Lebmann（2005）、陈亦悠（2015）和张方华（2006）等的研究，结合实地调研等反馈意见，并根据研究情境做适当的调整，对每个维度的题项进行斟酌，修改补充后综合形成资源获取的量表，如表 4-3 所示。

表 4-3　　资源获取测量量表

<table>
<tr><th>测量维度</th><th colspan="2">题项</th><th>来源</th></tr>
<tr><td rowspan="4">资源获取质量</td><td>RA1</td><td>企业能够有多样化的渠道获取技术研发知识和创新管理知识等资源</td><td rowspan="8">Das 和 Teng、Wiklund 和 Shepherd、Audretsch 和 Lebmann、陈亦悠、张方华</td></tr>
<tr><td>RA2</td><td>企业能够有多样化的渠道获取政府基金和技术合作外部资金等资源</td></tr>
<tr><td>RA3</td><td>企业能够有多样化的渠道获取市场信息、技术信息等资源</td></tr>
<tr><td>RA4</td><td>企业能够很好地整合联盟中的零散资源</td></tr>
<tr><td rowspan="4">资源获取效用</td><td>RA5</td><td>企业能在足够短的时间内获得重要资源</td></tr>
<tr><td>RA6</td><td>企业能以较低的成本获取资源</td></tr>
<tr><td>RA7</td><td>企业获取的资源与企业的需求匹配度很好</td></tr>
<tr><td>RA8</td><td>企业获得资源所产生的价值大于其成本</td></tr>
</table>

（二）资源承诺的结构与测量

目前学术界对资源承诺的界定相对较少，学者对资源承诺的测量多从单维度进行。Barney 在研究中将创新资源概括为物质资本资源、人力资本资源和组织资本资源等。本书将借鉴 Barney（1991）、Daugherty 等（2005）以及国内学者李怡娜和叶飞（2013）的研究成果，将其改造成适用于本书研究情境的测量指标和问卷题项，共包含 4 个题项，测量量表如表 4-4 所示。

表 4-4　资源承诺测量量表

测量维度	题项	来源
RC1	企业能有足够的财务资源保证联盟合作创新活动的开展	Barney、Daugherty 等、李怡娜和叶飞
RC2	企业能投入足够的管理成本费用进行联盟创新活动	
RC3	企业能保证在合作创新软件方面的投资	
RC4	企业能保证在合作创新相关硬件方面的投资	

四　因变量——合作创新绩效的测量

本书的因变量是企业合作创新绩效（CP）。由于调研样本的有关资料难以从公开数据中获取，因此本书将对合作创新绩效采取主观测评法。在题项设置方面，首先根据前文对企业合作创新绩效的相关理论进行分析，主要参考李玲（2011）和宋晶等（2015）开发的成熟量表，从合作满意度、创新能力提高程度和关系稳定性三个方面进行衡量，主要考察企业以自身为联盟运营稳定性、组织间合作的满意程度以及自身创新能力的提升等因素，该量表已经被证实具有良好的信度和效度，并且符合中国企业合作技术创新的情境，在系统梳理相关领域研究成果的基础上，根据所研究的特点，共设计 9 个题项，合作创新绩效测量量表如表 4-5 所示。

表 4-5　　合作创新绩效测量量表

测量维度	题项		来源
联盟关系稳定性	CP1	企业与联盟伙伴合作了较长时间	李玲、宋晶等
	CP2	企业愿意与联盟伙伴继续该合作关系	
	CP3	如果可以重新选择，企业仍然会选择现在的联盟伙伴	
合作满意程度	CP4	企业对合作的成果感到很满意	
	CP5	企业与联盟伙伴的合作关系非常愉快	
创新能力提高程度	CP6	通过合作，企业研发速度获得显著提升	
	CP7	通过合作，企业技术创新的成功率显著提升	
	CP8	通过合作，企业现有技术得以明显的改善	
	CP9	通过合作，企业的核心技能有了显著提高	

五　调节变量——管理者解释、联盟黏性的测量

本书的调节变量为管理者解释（MI）和联盟黏性（AS）。其中，管理者解释为企业内生调节变量，联盟黏性为外生调节变量。

目前，学术界对管理者解释量表的开发已较为成熟，因此，本书将借鉴 Dutton 和 Jackson（1987）、Atuahene-Gima 和 Yang（2008）、奉小斌（2016）等学者的研究成果，将管理者解释的概念界定为企业管理者对外部联盟环境进行解读和甄别并做出一系列战略响应的行为，是企业高层对外部环境的一种战略判断，基于当前事件特征和记忆中机会与威胁典型特征的相似度对外部环境的判断，存在机会解释和威胁解释两种可能。其中，机会解释意味着管理者认为外部环境是积极的、容易控制的，而威胁解释与之相反。根据研究的特殊情境，将管理者解释划分为共有 4 个题项进行测量。测量量表如表 4-6 所示。

表 4-6 管理者解释测量量表

题项		来源
MI1	外部总体环境对企业发展是积极的	Dutton 和 Jackson、Atuahene-Gima 和 Yang、奉小斌
MI2	企业能够从市场中获取巨大收益	
MI3	企业能够利用现有资源控制外部局势	
MI4	市场的总体环境对企业是机会	

目前，学术界有关联盟黏性的研究相对较少。本书将借鉴 Lavie（2007）、芮正云和罗瑾琏（2019）以及李刚等（2014）的研究成果，将联盟黏性定义为企业与联盟伙伴在日常交易或合作过程中形成的关系依赖程度，主要体现为“关系强度”和“关系变动倾向”两个方面，它反映了联盟成员之间进行创新合作的联系程度，共有 5 个题项进行测量，联盟黏性测量量表如表 4-7 所示。

表 4-7 联盟黏性测量量表

题项		来源
AS1	企业非常依赖现有联盟伙伴	Lavie、芮正云和罗瑾琏、李刚等
AS2	企业与联盟伙伴已经形成了合作惯性	
AS3	企业很难找到新的合作伙伴替代现有联盟伙伴	
AS4	企业对现有联盟伙伴具有较高的忠诚度	
AS5	企业期待与现有联盟伙伴继续合作	

六　控制变量的测量

通过对相关文献的梳理和总结，发现企业年龄、企业员工数量、所在行业领域、企业所有者性质等因素都会对企业绩效产生不同程度的影响，因此需要对上述能够给本书研究结果带来影响的变量进行控制。本书将借鉴 Zahra 等（2002）、Hughes 等（2007）以及 Wang 等（2017）的研究成果，对企业年龄、企业员工数量、所在行业领域、企业所有者性质进行控制。根据本书研究内容，将企业成立年限划分为 3 年以下、3—5 年、6—10 年、11—15 年和 16 年以上五类；将企业员工数量划分为 100 人以下、101—300 人、301—1000 人、1001—2000 人和 2001 人以上五类；将企业所有者性质分为国有企业、民营企业、合资企业、集体企业和其他企业五类；将企业所在行业分为家电制造类、纺织机械制造类、高新技术类、农产品深加工类和其他类别五类。

第三节　预测试与信效度评价

尽管本书研究选取的是国内外学者设计并反复验证的比较成熟的量表，但是为了本书研究的严谨性，保证本书研究过程能够更为准确的进行，研究者决定在正式调研之前进行小样本的预调研。根据预调研，本书研究要完成两项目标：一是要保证量表的信效度质量符合标准，避免不必要误差的出现；二是要根据被试者的反馈意见，对晦涩难懂以及理解有歧义的题项进行更为准确的本土化修改，确保量表题项既通俗易懂又测量准确。

根据本书研究的设定问题和研究目的，研究者选取烟台红酒产业的相关企业作为预调研的被测公司，并向各个公司内部的中高层管理人员发放问卷，为了在数据采集上规避同源误差的产生，本书对同一企业选择两位问卷填写人。其中一位管理人员填写联盟能力和合作创新绩效等相关题项，另一位管理人员填写资源获取、资源承诺、管理者解释以及联盟黏性等相关题项。预调研时间为 2017 年 10 月，通过现场发放与回收的方式，共回收问卷 206 份，随后对同一企业的问卷进行整合，共 103 份问卷。删除因漏填等不符合初步要求的问卷，最终预调研回收的有效问卷数量是 94 份，预调研的有效回收率为 91. 26%。

李怀祖（2004）指出，预调研问卷的重要评测指标是问卷的信度和效度。因此，本书研究采用 SPSS25. 0 对预调研问卷的信效度进行分析。信度方面，本书研究选用实证研究中广泛使用的

Cronbach's α 来评价量表的内部一致性程度，Cronbach's α 的数值越高，意味着量表的信度越可靠。评价参考标准为，各具体维度量表的 Cronbach's α 超过 0.7 的阈值，则视为整个量表具有较高的信度水平。进一步地，在进行可靠性分析时，为了进一步净化量表条款，检验量表的一致性、可靠性和稳定性，本书研究又选取了校正的项总计相关系数（CITC）和项已删除的 Cronbach's α 两个参数来作为参考指标，校正的项总计相关系数表示此题项与其他各题项条款总分的积差相关系数，具体而言，其数值越高，表示此题项条款与其他各题项条款一致性程度越紧密，如果校正的项总计相关系数不低于 0.4，则意味着此题项条款可以被保留使用。项已删除的 Cronbach's α 代表如果该题项条款被删除后，剩余其他题项条款的 Cronbach's α 数值大小为评价参考标准，如果该题项条款的项已删除的 Cronbach's α 比原 Cronbach's α 增加或未发生变化，则需删除此条款，减小则可以被保留使用。效度方面，采用 KMO（Kaiser-Meyer-Olkin）和 Bartlett 球形度检验量表的内部结构效度。通常，KMO 值的大小介于 0—1，数值越接近 1，说明越适合进行因子分析，根据 Kaiser 准则，KMO 大于 0.7 视为合适，数据就认定为通过检验，大于 0.8 为非常合适，同时 Bartlett 球形度通过显著性检验。

预调研的结果表明：各变量的 Cronbach's α 值在 0.731 到 0.865 之间，皆大于 0.7，校正的项总计相关系数均大于 0.4，而且项已删除的 Cronbach's α 都没有出现增加或不变的情况，因此问卷具备较高的信度。此外，各变量的 KMO 值在 0.746—0.890，皆大于 0.7，而且 Bartlett 球形度都通过显著性检验，表明问卷具备较高的效度。

第五章

数据的收集与检验

在第四章经过问卷设计和预调研调整，形成本章正式问卷。在对企业联盟能力等相关问题进行的研究中，通过问卷调查获取第一手数据进行分析是探析该领域问题最为常用的方法。本章主要进行研究所需的数据收集和对收集数据的质量进行评估这两部分内容。数据收集部分主要集中在对各个企业进行正式调研的过程中，涵盖了样本的选择、问卷的发放以及有效回收等内容。数据质量评估部分主要通过软件进行数据的信效度检验、同源方法偏差检验等，确保已收集数据的可靠性和有效性。

第一节　数据的收集

一　调研样本对象的选择

为了保证研究过程的准确和尽量无偏差，实证研究的样本要求充分体现总体数据的基本特征，否则可能会导致研究结论脱离实际，数据不准确，结果不可靠。因此，能够根据本书研究目的选择合适的被试样本是研究能否成功的关键因素，只有选择合适的被试样本进行研究得出的结论才具有一定的实践指导性。而研究所需样本的选择确定需要根据研究目的进行广泛的思考和合理的选择，本书研究旨在揭示联盟能力对企业合作创新绩效的影响情况，根据本书研究目的，在进行被试样本选择时，本书研究重点选取了山东省青岛家电产业、青岛西海岸新区纺织机械产业、烟台红酒产业和烟台莱阳农产品加工产业的相关企业作为被调研企业，并选择企业各部门的管理人员作为被试对象。之所以选择上述企业的工作人员作为本次研究样本，原因详见以下几点。

第一，研究者此前曾与本次被调研企业进行过多次合作，有过去企业内部调研的经历，因此有足够的信任和便利的渠道可以确保本次调研获得可使用的高质量信息数据。实际上，之前进行有过集群企业合作相关内容的较长时间的深入研究，对于本书研究所进行的企业联盟和企业合作绩效等相关问题探究有了一定的研究基础，相关主旨的资料收集、信息处理和数据分析等都有一定的掌握，并撰写相关的学术论文发表在国家自然科学基金委员会管理科学部认定的管理类期刊，由此为本次研究奠定了坚实的基础。第二，本书选取的青岛家电产业集群、青岛西海岸新区纺织机械产业集群、烟台红酒产业集群和烟台莱阳农产品加工产业集群发展较早且已成规模，在区域内形成了完整的产业链，企业间的合作创新行为相对较为频繁。同时，在《山东省新旧动能转换重大工程实施规划》(2018) 公告中指出，“引导创新要素向企业集聚，使企业成为创新决策、研发投入、科研攻关、成果转化的主体”，因此，本书选取的企业能够有效契合研究目的，获取的数据更有说服力。第三，随着外部市场环境的动态性变化，集群企业内部以及产业链上下游企业的战略联盟充满了不确定性，企业的发展创新更是需要面对外界的各种挑战，由此上述企业如何将联盟能力转化为合作创新绩效变得尤为重要。因此，本次研究选择上述企业，既符合理论研究需要，也具有一定的实践意义。第四，选择山东省内上述集群内部企业作为调研对象，既是根据课题组内容进行合理调研，也是考虑地域就近的原则，同时兼顾时间、人力和财力等客观因素，便于发放和收集问卷，有利于研究工作的顺利开展。

二 正式问卷的发放、回收和整理

根据 Umphress 等（2010）的研究建议，也为了避免共同方法偏差的影响，本书研究的数据收集采用跨时间点收集法，分两次进行数据收集，时间间隔为六个月。第一时间点（T1）的调研对象主要为中高层管理人员，第一时间点主要调研联盟能力和合作创新绩效等相关题项，第二时间点（T2）的调研对象主要为第一次没接受调研的其他中高层管理人员，第二时间点主要调研资源获取、资源承诺、管理者解释以及联盟黏性等相关题项。之所以不选择基层员工，是因为中高层管理者对企业的了解和认识会更加全面和宏观，保证问卷填写的可靠性。

由于本书研究进行跨时间点的多次调研，调研工作相较于参观等环节更为烦琐和复杂，因此本次调研工作的圆满完成离不开相关企业的支持和协助。研究者在正式实施调研之前，已经在企业高层人员的同意下，与企业人力资源负责同志进行了充分的沟通、交流和商讨，让人力资源官全面了解本书研究目的。在此基础之上，由各公司的负责人帮助研究者确定合适的调研时间，调研时间的确定以不打扰管理人员的正常工作以及不影响公司团队正常运作为原则，并以该原则为基础，圈定了参加调研的中高层管理人员。在进行研究过程时，特别是问卷调查研究，非常强调匿名作答原则，确保问卷填写内容的公平客观。而当前采取的确定被调研者范围的收集方式，是由研究者根据中高层管理者名单或者花名册进行事先确认，在某种程度上并不能完全确保问卷填答的匿名性，特别是部分管理者在进行问卷内容作答时，其心理层面极有可能轻视本次调研的重要性和客观性，内心存在某种程度的担忧，继而影响到对企业真实的选项表达。鉴于此，本书在综合考虑的基础上进行如下操作。课题组通过问卷星生成调查问卷，并将问卷的二维码分享图片进行自主打印，告知每位参与者，可以放心认真地进行问卷内容填写，收集回来的数据通过系统导出 Excel 之后，将数据进行序号和填写时间、地点删除，并重新进行排序，然后会在问卷星系统里把收集回来的原始问卷删除，确保每一份问卷数据的百分百匿名，也保证每一位被调研者可以放心填写问卷。

本书研究针对青岛家电产业、青岛西海岸新区纺织机械产业、烟台红酒产业和烟台莱阳农产品加工产业等省内部分产业园区内部企业的中高层管理人员作为调研对象展开问卷发放工作，调研时间为 2018 年 4 月和 10 月，问卷采用问卷星方式进行收集，通过两次数据调查，总共回收问卷 486 份，进行同一公司整合为 243 家企业。在剔除不合格的问卷 41 份后，最终回收 202 份有效问卷，有效回收率为 83.13%，问卷的总体回收率处于较为合理的程度，可以进行数据分析。

第二节 数据的描述性统计分析

本书对正式调研收集的样本数据进行描述性统计。有效问卷共有 202 份，通过频数功能检验，结果如表 5-1 所示：

表 5-1 样本的主要结构特征（N=202）

测量内容	信息类别	频数（企业数）	占比（%）
企业性质	国有企业	49	24.26
	集体所有制	30	14.85
	民营或私营	107	52.97
	外商独资	10	4.95
	中外合资	6	2.97
企业成立年限	3 年以下	8	3.96
	3—5 年	23	11.39
	6—10 年	62	30.69
	11—15 年	47	23.27
	16 年及以上	62	30.69
企业所在行业	家电制造类	54	26.73
	纺织机械制造类	80	39.60

续表

测量内容	信息类别	频数（企业数）	占比（%）
企业所在行业	高新技术类	33	16.34
	农产品深加工类	35	16.34
企业员工数量	100人及以下	33	16.34
	101—300人	66	32.67
	301—1000人	71	35.15
	1001—2000人	21	10.40
	2001人及以上	11	5.45

从样本的企业性质来看，涵盖了所有企业类型，确保调研的广泛性。国有企业共49家，集体所有制企业30家，民营企业或私营企业107家，外商独资企业10家，中外合资企业6家。

从样本的企业年限来看，其中既有新成立的企业，也有老牌企业。成立时间在3年以下的企业8家，3—5年的企业23家，6—10年的企业62家，11—15年的企业47家，16年及以上的有62家企业。

从样本的企业所在行业来看，包括高新产业企业、制造业、生产加工企业等。其中家电制造类企业共54家，纺织机械制造类企业共80家，高新技术类企业共33家，农产品深加工类企业共35家。

从样本的企业员工数量来看，根据企业规模不等，员工数量也有一定差异。其中员工数量在100人及以下的企业共33家，员工数量在101—300人的企业共66家，员工数量在301—1000人的企业共71家，员工数量在1001—2000人的企业共21家，员工数量达2001人及以上的企业共11家。

第三节　正式问卷的信效度检验

一　信度检验

信度检验是对量表一致性和可靠性进行测度。本书采用

SPSS25.0 可靠性分析检验量表的信度，选用实证研究中广泛使用的 Cronbach's α 来评价量表的内部一致性程度，Cronbach's α 的数值越高，意味着量表的信度越可靠。评价参考标准为，如果总体量表的 Cronbach's α 系数超过 0.8 的阈值，且各具体维度量表的 Cronbach's α 超过 0.7 的阈值，则视为整个量表具有较高的信度水平。进一步地，在进行可靠性分析时，为了进一步净化量表条款，检验量表的一致性、可靠性和稳定性，本书又选取了校正的项总计相关系数（CITC）和项已删除的 Cronbach's α 两个参数来作为参考指标，校正的项总计相关系数表示此题项与其他各题项条款总分的积差相关系数，具体而言，其数值越高，表示此题项条款与其他各题项条款一致性程度越紧密，如果校正的项总计相关系数不低于 0.4，则意味着此题项条款可以被保留使用。题项已删除的 Cronbach's α 代表如果该题项条款被删除后，剩余其他题项条款的 Cronbach's α 数值大小，评价参考标准为，如果该题项条款的项已删除的 Cronbach's α 比原 Cronbach's α 增加或未发生变化，则需删除此条款，减小则可以被保留使用。

首先，对总体量表进行可靠性分析，量表的整体 Cronbach' α 系数为 0.937，符合标准。其次，对各具体维度量表进行可靠性分析。表 5-2 显示联盟构建能力量表的 Cronbach's α 系数为 0.721，超过 0.7 的参考值，表明该维度量表具有良好的信度。校正的项总计相关系数分别为 0.543、0.549、0.509 和 0.477，均高于 0.4 的评定阈值；同时，每个题项条款的项已删除的 Cronbach's α 数值均低于 0.721，都未能得到提升。结合上述指标来看，联盟构建能力量表信度符合实证研究的基本要求。

表 5-2　　联盟构建能力量表信度分析

量表题项	校正的项总计相关系数	项已删除的 Cronbach's α	Cronbach's α
ADC1	0.543	0.648	0.721
ADC2	0.549	0.644	
ADC3	0.509	0.665	

续表

量表题项	校正的项总计相关系数	项已删除的 Cronbach' s α	Cronbach' s α
ADC4	0.477	0.684	0.721

表 5-3 显示合作协控能力量表的 Cronbach' s α 系数为 0.711，超过 0.7 的参考值，表明该维度量表具有良好的信度。校正的项总计相关系数分别为 0.512、0.503、0.460 和 0.526，均高于 0.4 的评定阈值；同时，每个题项条款的项已删除的 Cronbach' s α 数值均低于 0.711，都未能得到提升。结合上述指标来看，合作协控能力量表信度符合实证研究的基本要求。

表 5-3　　合作协控能力量表信度分析

量表题项	校正的项总计相关系数	项已删除的 Cronbach' s α	Cronbach' s α
ACC1	0.512	0.643	0.711
ACC2	0.503	0.647	
ACC3	0.460	0.670	
ACC4	0.526	0.630	

表 5-4 显示关系管理能力量表的 Cronbach' s α 系数为 0.735，超过 0.7 的参考值，表明该维度量表具有良好的信度。校正的项总计相关系数分别为 0.478、0.547、0.576 和 0.509，均高于 0.4 的评定阈值；同时，每个题项条款的项已删除的 Cronbach' s α 数值均低于 0.735，都未能得到提升。结合上述指标来看，关系管理能力量表信度符合实证研究的基本要求。

表 5-4　　关系管理能力量表信度分析

量表题项	校正的项总计相关系数	项已删除的 Cronbach' s α	Cronbach' s α
RGC1	0.478	0.703	0.735
RGC2	0.547	0.664	

续表

量表题项	校正的项总计相关系数	项已删除的 Cronbach’s α	Cronbach’s α
RGC3	0.576	0.646	0.735
RGC4	0.509	0.687	

表 5-5 显示资源获取量表的 Cronbach’s α 系数为 0.771，超过 0.7 的参考值，表明该维度量表具有良好的信度。校正的项总计相关系数分别为 0.511、0.439、0.460、0.484、0.469、0.466、0.456 和 0.488，均高于 0.4 的评定阈值；同时，每个题项条款的项已删除的 Cronbach’s α 数值均低于 0.771，都未能得到提升。结合上述指标来看，资源获取量表信度符合实证研究的基本要求。

表 5-5　资源获取量表信度分析

量表题项	校正的项总计相关系数	项已删除的 Cronbach’s α	Cronbach’s α
RA1	0.511	0.740	0.771
RA2	0.439	0.752	
RA3	0.460	0.748	
RA4	0.484	0.744	
RA5	0.469	0.747	
RA6	0.466	0.748	
RA7	0.456	0.749	
RA8	0.488	0.743	

表 5-6 显示资源承诺量表的 Cronbach’s α 系数为 0.711，超过 0.7 的参考值，表明该维度量表具有良好的信度。校正的项总计相关系数分别为 0.509、0.463、0.490 和 0.531，均高于 0.4 的评定阈值；同时，每个题项条款的项已删除的 Cronbach’s α 数值均低于 0.711，都未能得到提升。结合上述指标来看，资源承诺量表信度符合实证研究的基本要求。

表 5-6 资源承诺量表信度分析

量表题项	校正的项总计相关系数	项已删除的 Cronbach's α	Cronbach's α
RC1	0.509	0.641	0.711
RC2	0.463	0.668	
RC3	0.490	0.653	
RC4	0.531	0.627	

表 5-7 显示合作创新绩效量表的 Cronbach's α 系数为 0.827，超过 0.7 的参考值，表明该维度量表具有良好的信度。校正的项总计相关系数分别为 0.526、0.550、0.560、0.519、0.554、0.485、0.579、0.516 和 0.483，均高于 0.4 的评定阈值；同时，每个题项条款的项已删除的 Cronbach's α 数值均低于 0.827，都未能得到提升。结合上述指标来看，合作创新绩效量表信度符合实证研究的基本要求。

表 5-7 合作创新绩效量表信度分析

量表题项	校正的项总计相关系数	项已删除的 Cronbach's α	Cronbach's α
CP1	0.526	0.810	0.827
CP2	0.550	0.807	
CP3	0.560	0.806	
CP4	0.519	0.811	
CP5	0.554	0.807	
CP6	0.485	0.815	
CP7	0.579	0.804	
CP8	0.516	0.811	
CP9	0.483	0.815	

表 5-8 显示管理者解释量表的 Cronbach's α 系数为 0.733，超过 0.7 的参考值，表明该维度量表具有良好的信度。校正的项总计相关系数分别为 0.532、0.493、0.544 和 0.533，均高于 0.4 的评

定阈值；同时，每个题项条款的项已删除的 Cronbach's α 数值均低于 0.733，都未能得到提升。结合上述指标来看，管理者解释量表信度符合实证研究的基本要求。

表 5-8　　管理者解释量表信度分析

量表题项	校正的项总计相关系数	项已删除的 Cronbach's α	Cronbach's α
MI1	0.532	0.669	0.733
MI2	0.493	0.693	
MI3	0.544	0.664	
MI4	0.533	0.669	

表 5-9 显示联盟黏性量表的 Cronbach's α 系数为 0.788，超过 0.7 的参考值，表明该维度量表具有良好的信度。校正的项总计相关系数分别为 0.557、0.533、0.575、0.589 和 0.574，均高于 0.4 的评定阈值；同时，每个题项条款的项已删除的 Cronbach's α 数值均低于 0.788，都未能得到提升。结合上述指标来看，联盟黏性量表信度符合实证研究的基本要求。

表 5-9　　联盟黏性量表信度分析

量表题项	校正的项总计相关系数	项已删除的 Cronbach's α	Cronbach's α
AS1	0.557	0.751	0.788
AS2	0.533	0.758	
AS3	0.575	0.745	
AS4	0.589	0.741	
AS5	0.574	0.745	

二　效度检验

本书采用多项指标来检验量表的各类效度。其中，采用 KMO（Kaiser-Meyer-Olkin）和 Bartlett 球形度检验量表的内部结构效度。通常，KMO 值的大小介于 0—1，数值越接近 1，说明越适合进行因子分析，根据 Kaiser 准则（Kaiser，1974），KMO 大于 0.7 视为合适，数据就认定为通过检验，大于 0.8 为非常合适。本书研究另外采用标准化因子载荷、组合信度（Composite Reliability，CR）以及平均方差析出量（Average Variance Extracted，AVE）各项指标来测量变量的聚合效度，判定标准为题项的因子载荷值大于阈值 0.5，组合信度大于阈值 0.7，平均方差析出量大于阈值 0.5，由上述标准可判断各维度变量是否具有良好的聚合效度。

联盟构建能力量表的 KMO 数值为 0.739，超过 0.7 的统计阈值要求，Bartlett 球形度检验的显著性水平为 P=0.000<0.05，上述参数指标表明联盟构建能力的样本数据符合进行因子分析的基本要求，说明联盟构建能力量表具有良好的结构效度。此外，联盟构建能力量表的 4 个题项的因子载荷分别为 0.762、0.767、0.742 和 0.710，均符合大于 0.5 的统计阈值要求。经计算，联盟构建能力量表的组合信度为 0.833，符合大于 0.7 的统计阈值要求，平均方差析出量为 0.556，符合大于 0.5 的统计阈值要求，说明联盟构建能力变量具有良好的聚合效度。具体结果如表 5-10 所示。

表 5-10　　联盟构建能力变量的效度检验

变量	题项	因子载荷	CR	AVE	KMO	Bartlett
联盟构建能力	ADC1	0.762	0.833	0.556	0.739	0.000
	ADC2	0.767				
	ADC3	0.742				
	ADC4	0.710				

合作协控能力量表的 KMO 数值为 0.755，超过 0.7 的统计阈值要求，Bartlett 球形度检验的显著性水平为 P=0.000<0.05，上述参数指标表明合作协控能力的样本数据符合进行因子分析的基本要求，说明合作协控能力量表具有良好的结构效度。此外，合作协控能力量表的 4 个题项的因子载荷分别为 0.744、0.736、0.697 和

0.756，均符合大于0.5的统计阈值要求。经计算，合作协控能力量表的组合信度为0.823，符合大于0.7的统计阈值要求，平均方差析出量为0.538，符合大于0.5的统计阈值要求，说明合作协控能力变量具有良好的聚合效度。具体结果如表5-11所示。

表5-11　　合作协控能力变量的效度检验

变量	题项	因子载荷	CR	AVE	KMO	Bartlett
合作协控能力	ACC1	0.744	0.823	0.538	0.755	0.000
	ACC2	0.736				
	ACC3	0.697				
	ACC4	0.756				

关系管理能力量表的KMO数值为0.718，超过0.7的统计阈值要求，Bartlett球形度检验的显著性水平为 $P=0.000<0.05$，上述参数指标表明关系管理能力的样本数据符合进行因子分析的基本要求，说明关系管理能力量表具有良好的结构效度。此外，关系管理能力量表的4个题项的因子载荷分别为0.700、0.763、0.790和0.731，均符合大于0.5的统计阈值要求。经计算，关系管理能力量表的组合信度为0.834，符合大于0.7的统计阈值要求，平均方差析出量为0.558，符合大于0.5的统计阈值要求，说明关系管理能力变量具有良好的聚合效度。具体结果如表5-12所示。

表5-12　　关系管理能力变量的效度检验

变量	题项	因子载荷	CR	AVE	KMO	Bartlett
关系管理能力	RGC1	0.700	0.834	0.558	0.718	0.000
	RGC2	0.763				
	RGC3	0.790				
	RGC4	0.731				

资源获取量表的 KMO 数值为 0.817，超过 0.7 的统计阈值要求，Bartlett 球形度检验的显著性水平为 P=0.000<0.05，上述参数指标表明资源获取的样本数据符合进行因子分析的基本要求，说明资源获取量表具有良好的结构效度。此外，资源获取量表的 8 个题项的因子载荷分别为 0.662、0.725、0.845、0.632、0.662、0.798、0.683 和 0.639，均符合大于 0.5 的统计阈值要求。经计算，资源获取量表的组合信度为 0.889，符合大于 0.7 的统计阈值要求，平均方差析出量为 0.503，符合大于 0.5 的统计阈值要求，说明资源获取变量具有良好的聚合效度。具体结果如表 5-13 所示。

表 5-13　资源获取变量的效度检验

变量	题项	因子载荷	CR	AVE	KMO	Bartlett
资源获取	RA1	0.662	0.889	0.503	0.817	0.000
	RA2	0.725				
	RA3	0.845				
	RA4	0.632				
	RA5	0.662				
	RA6	0.798				
	RA7	0.683				
	RA8	0.639				

资源承诺量表的 KMO 数值为 0.736，超过 0.7 的统计阈值要求，Bartlett 球形度检验的显著性水平为 P=0.000<0.05，上述参数指标表明资源承诺的样本数据符合进行因子分析的基本要求，说明资源承诺量表具有良好的结构效度。此外，资源承诺量表的 4 个题项的因子载荷分别为 0.741、0.698、0.726 和 0.763，均符合大于 0.5 的统计阈值要求。经计算，资源承诺量表的组合信度为 0.822，符合大于 0.7 的统计阈值要求，平均方差析出量为 0.536，符合大于 0.5 的统计阈值要求，说明资源承诺变量具有良好的聚合效度。具体结果如表 5-14 所示。

表 5-14　　　　资源承诺变量的效度检验

变量	题项	因子载荷	CR	AVE	KMO	Bartlett
资源承诺	RC1	0.741	0.822	0.536	0.736	0.000
	RC2	0.698				
	RC3	0.726				
	RC4	0.763				

合作创新绩效量表的 KMO 数值为 0.880，超过 0.7 的统计阈值要求，Bartlett 球形度检验的显著性水平为 P=0.000<0.05，上述参数指标表明合作创新绩效的样本数据符合进行因子分析的基本要求，说明合作创新绩效量表具有良好的结构效度。此外，合作创新绩效量表的 9 个题项的因子载荷分别为 0.646、0.667、0.677、0.667、0.675、0.760、0.696、0.833 和 0.800，均符合大于 0.5 的统计阈值要求。经计算，合作创新绩效量表的组合信度为 0.904，符合大于 0.7 的统计阈值要求，平均方差析出量为 0.513，符合大于 0.5 的统计阈值要求，说明合作创新绩效变量具有良好的聚合效度。具体结果如表 5-15 所示。

表 5-15　　　　合作创新绩效变量的效度检验

变量	题项	因子载荷	CR	AVE	KMO	Bartlett
合作创新绩效	CP1	0.646	0.904	0.513	0.880	0.000
	CP2	0.667				
	CP3	0.677				
	CP4	0.667				
	CP5	0.675				
	CP6	0.760				
	CP7	0.696				
	CP8	0.833				
	CP9	0.800				

管理者解释量表的 KMO 数值为 0.766，超过 0.7 的统计阈值要求，Bartlett 球形度检验的显著性水平为 P=0.000<0.05，上述参数指标表明管理者解释的样本数据符合进行因子分析的基本要求，说明管理者解释量表具有良好的结构效度。此外，管理者解释量表的 4 个题项的因子载荷分别为 0.754、0.717、0.763 和 0.753，均符合大于 0.5 的统计阈值要求。经计算，管理者解释量表的组合信度为 0.835，符合大于 0.7 的统计阈值要求，平均方差析出量为 0.558，符合大于 0.5 的统计阈值要求，说明管理者解释变量具有良好的聚合效度。具体结果如表 5-16 所示。

表 5-16　　管理者解释变量的效度检验

变量	题项	因子载荷	CR	AVE	KMO	Bartlett
管理者解释	MI1	0.754	0.835	0.558	0.766	0.000
	MI2	0.717				
	MI3	0.763				
	MI4	0.753				

联盟黏性量表的 KMO 数值为 0.822，超过 0.7 的统计阈值要求，Bartlett 球形度检验的显著性水平为 P=0.000<0.05，上述参数指标表明联盟黏性的样本数据符合进行因子分析的基本要求，说明联盟黏性量表具有良好的结构效度。此外，联盟黏性量表的 5 个题项的因子载荷分别为 0.729、0.709、0.743、0.756 和 0.743，均符合大于 0.5 的统计阈值要求。经计算，联盟黏性量表的组合信度为 0.855，符合大于 0.7 的统计阈值要求，平均方差析出量为 0.542，符合大于 0.5 的统计阈值要求，说明联盟黏性变量具有良好的聚合效度。具体结果如表 5-17 所示。

表 5-17　　　　联盟黏性变量的效度检验

变量	题项	因子载荷	CR	AVE	KMO	Bartlett
联盟黏性	AS1	0. 729	0. 855	0. 542	0. 822	0. 000
	AS2	0. 709				
	AS3	0. 743				
	AS4	0. 756				
	AS5	0. 743				

第四节　共同方法偏差

共同方法偏差（Common Method Biases，CMB）是指数据资料来源于共同的被试者，抑或是高度相似的被试环境等容易出现共同方法所引起的人为的共变差异。CMB 作为一种系统误差，可能会使结果产生失真，并对研究结论产生误导。在本书研究中，每个样本数据均来自于同一被试者，并且研究设计为截面数据，因此，在进行本书研究的假设检验之前，非常有必要进行共同方法偏差检验，确保研究结论的可靠性。

在学术研究中，存在两种基本的方法对共同方法偏差进行控制和消除，一是程序法，二是统计法。程序法是指在进行研究设计时，就采取各种可控手段对可能存在的潜在共同来源加以控制。在本书设计中，采用了跨时间点进行数据采集、同一公司选择两位独立问卷填写人、问卷设计时设置反向题项以及随机编排题项等方法，试图从根本上减弱共同方法偏差的混淆影响。统计法是指在数据处理阶段运用统计软件对数据进行检验，以临界点数值为依据，达到控制共同方法偏差的意图。对于统计法，最常用的检验方法是 Harman 单因子检验方法。Dobbins（1997）提出，Harman 单因子检验方法是通过主成分分析法对问卷的所有变量进行不旋转的探索性因子分析，提取出第一个公因子的解释方差小于50%，则表明不存在严重的共同方法偏差，可以进行假设检验分析；如果大于50%，则表明存在严重的共同方法偏差，数据不能进行使用（Hair et al.，2011）。借助于SPSS25.0统计分析软件，本书将全部变量题项进行未旋转的探索性因子分析，结果如表5-18所示，经过主成分因子分析提取后形成9个初始特征值超过1的主因子，并且提取出的第一个公因子的解释方差为28.530%，没有超过50%的临界值，这意味着本书收集的数据不存在严重的共同方法偏差，可以进行下一步研究分析。

表5-18　共同方法偏差检验

成分	初始特征值			提取载荷平方和		
	总计	方差百分比	累计百分比	总计	方差百分比	累计百分比
1	11.983	28.530	28.530	11.983	28.530	28.530
2	1.875	4.465	32.995	1.875	4.465	32.995
3	1.683	4.007	37.002	1.683	4.007	37.002
4	1.610	3.834	40.836	1.610	3.834	40.836
5	1.552	3.694	44.530	1.552	3.694	44.530
6	1.245	2.963	47.493	1.245	2.963	47.493
7	1.132	2.695	50.188	1.132	2.695	50.188
8	1.062	2.529	52.717	1.062	2.529	52.717
9	1.022	2.434	55.151	1.022	2.434	55.151
10	0.986	2.347	57.498			
11	0.954	2.273	59.771			
12	0.895	2.130	61.901			
13	0.867	2.064	63.965			
…	…	…	…			
41	0.304	0.724	99.331			
42	0.281	0.669	100.000			

注：提取方法为主成分分析法。

第六章

假设检验与实证结果分析

本章将基于第四章的假设关系模型与第五章的调研数据收集与质量检验，利用 SPSS25.0，通过描述性统计、Pearson 相关、方差分析、Process（v3.4）中介调节效应分析等验证本书研究提出的一系列假设，并对假设检验结果与理论基础以及已有文献的观点和研究结果进行匹配分析。

第一节　变量的描述性分析

变量的统计性描述分析离不开两个重要的参数指标，分别是均值和标准差。均值的数学含义是指观测变量各数值的平均值，在统计学中，均值表示的是在所有样本数据中，被随机抽取出的观测变量估计值与实际数值之间的最小误差。标准差的数学含义是指方差的算术平方根，在统计学中，标准差表示所有样本中观测变量的离散程度。标准差越大，说明观测变量的数据越分散，观测变量具有较大的变异性，可能会对实际结果产生误差影响。

本书通过取均值的方法表征联盟能力、联盟构建能力、合作协控能力、关系管理能力、资源获取、资源承诺、管理者解释、联盟黏性和合作创新绩效等不可直接测量变量，即利用上述变量观测题项的均值作为此变量的样本取值，在此基础之上，研究计算出相关变量基本统计特征的描述性统计值。

具体结果如表6-1所示，联盟能力的最大值为4.92，最小值为2.42，均值为3.91，标准差为0.44。联盟构建能力的最大值为5.00，最小值为2.00，均值为3.88，标准差为0.52。合作协控能力的最大值为5.00，最小值2.50，均值为3.89，标准差为0.53。关系管理能力的最大值为5.00，最小值为1.50，均值为3.96，标准差为0.62。资源获取的最大值为5.00，最小值为1.50，均值为3.88，标准差为0.52。资源承诺的最大值为5.00，最小值为1.75，均值为3.62，标准差为0.48。合作创新绩效的最大值为5.00，最小值为2.22，均值为3.94，标准差为0.48。管理者解释的最大值为5.00，最小值为1.75，均值为3.70，标准差为0.52。联盟黏性的最大值为5.00，最小值为2.00，均值为3.78，标准差为0.51。其中上述所有变量的平均值得分均超过3分，表明被试样本的联盟能力、资源获取和资源承诺、合作创新绩效、管理者解释以及联盟黏性整体处于较高水平。除了关系管理能力之外的其他变量的标准差均处于0.40—0.60，关系管理能力的标准差处于0.60—0.90，表明上述变量样本不存在严重的离散程度或标准差出现超高超低现象。所有观测变量的统计性描述分析指标均符合检验标准，并未有异常数据。

表6-1　　　　各变量的描述性统计分析

变量	最大值	最小值	方差	均值	标准差
联盟能力	4.92	2.42	0.20	3.91	0.44
联盟构建能力	5.00	2.00	0.27	3.88	0.52
合作协控能力	5.00	2.50	0.28	3.89	0.53
关系管理能力	5.00	1.50	0.40	3.96	0.62
资源获取	5.00	1.50	0.27	3.88	0.52

续表

变量	最大值	最小值	方差	均值	标准差
资源承诺	5.00	1.75	0.23	3.62	0.48
合作创新绩效	5.00	2.22	0.23	3.94	0.48
管理者解释	5.00	1.75	0.27	3.70	0.52
联盟黏性	5.00	2.00	0.26	3.78	0.51

注：N=202，下同。

第二节　变量的相关性分析

在正式进行假设检验之前，本书研究先对各个变量进行相关性分析，以此结果对各变量之间的关系进行初步的判断，为假设正式验证提供统计基础。各研究变量之间的相关性通常被用来解释变量之间可能存在的相互关联影响，并不能表明变量之间的因果关系。本书研究通过 SPSS25.0 的 Pearson 变量相关分析对各个研究变量进行相关性检验。Pearson 相关检验也是对数据质量的最后一次检验，Pearson 相关系数的取值范围区间为［-1，1］，根据 Smith 等（1992）的相关研究标准，如果两个变量之间的相关系数超过 0.7，则两个变量之间的关系被视为高度相关性；如果两个变量之间的相关系数在 0.4—0.7 时，则两个变量之间的关系被视为中度相关性；如果两个变量之间的相关系数低于 0.4 时，则两个变量的关系被视为低度相关性。经过数据处理，本书研究各变量的相关系数如表 6-2 所示，各个主要变量之间的相关关系都为正向相关，且都显著，具体如下。

第一，联盟构建能力与合作协控能力具有显著的正向相关关系（$r=0.476$，$p<0.01$）；联盟构建能力与关系管理能力具有显著的正向相关关系（$r=0.388$，$p<0.01$）；联盟构建能力与资源获取具有

表 6-2 变量的相关系数矩阵

变量	1	2	3	4	5	6	7	8	9	10	11	12
1. 企业性质	1											
2. 企业年限	-0.067	1										
3. 企业所在行业	0.210**	-0.048	1									
4. 企业员工数量	-0.151**	0.698**	-0.253**	1								
5. 联盟构建能力	0.079	-0.014	0.119*	0.068	1							
6. 合作协控能力	-0.082	0.013	0.098*	0.001	0.476**	1						
7. 关系管理能力	-0.009	0.051	0.092	0.035	0.388**	0.490**	1					
8. 资源获取	0.044	-0.049	0.156**	-0.024	0.517**	0.677**	0.525**	1				
9. 资源承诺	-0.066	0.022	0.53	0.07	0.308**	0.486**	0.467**	0.573**	1			
10. 管理者解释	0.007	-0.047	0.036	-0.047	0.350**	0.397**	0.364**	0.521**	0.400**	1		
11. 联盟黏性	-0.062	0.046	0.020	0.055	0.404**	0.478**	0.400**	0.547**	0.472**	0.424**	1	
12. 合作创新绩效	-0.041	0.044	0.037	0.047	0.474**	0.604**	0.536**	0.658**	0.593**	0.472**	0.645**	1

注：***表示在 0.001 级别（双尾）相关性显著；**表示在 0.01 级别（双尾）相关性显著；*表示在 0.05 级别（双尾）相关性显著。下同。

显著的正向相关关系（$r=0.517$，$p<0.01$）；联盟构建能力与资源承诺具有显著的正向相关关系（$r=0.308$，$p<0.01$）；联盟构建能力与管理者解释具有显著的正向相关关系（$r=0.350$，$p<0.01$）；联盟构建能力与联盟黏性具有显著的正向相关关系（$r=0.404$，$p<0.01$）；联盟构建能力与合作创新绩效具有显著的正向相关关系（$r=0.474$，$p<0.01$）。

第二，联盟构建能力与关系管理能力具有显著的正向相关关系（$r=0.490$，$p<0.01$）；联盟构建能力与资源获取具有显著的正向相关关系（$r=0.677$，$p<0.01$）；联盟构建能力与资源承诺具有显著的正向相关关系（$r=0.486$，$p<0.01$）；联盟构建能力与管理者解释具有显著的正向相关关系（$r=0.397$，$p<0.01$）；联盟构建能力与联盟黏性具有显著的正向相关关系（$r=0.478$，$p<0.01$）；联盟构建能力与合作创新绩效具有显著的正向相关关系（$r=0.604$，$p<0.01$）。

第三，关系管理能力与资源获取具有显著的正向相关关系（$r=0.525$，$p<0.01$）；关系管理能力与资源承诺具有显著的正向相关关系（$r=0.467$，$p<0.01$）；关系管理能力与管理者解释具有显著的正向相关关系（$r=0.364$，$p<0.01$）；关系管理能力与联盟黏性具有显著的正向相关关系（$r=0.400$，$p<0.01$）；关系管理能力与合作创新绩效具有显著的正向相关关系（$r=0.536$，$p<0.01$）。

第四，资源获取与资源承诺具有显著的正向相关关系（$r=0.573$，$p<0.01$）；资源获取与管理者解释具有显著的正向相关关系（$r=0.521$，$p<0.01$）；资源获取与联盟黏性具有显著的正向相关关系（$r=0.547$，$p<0.01$）；资源获取与合作创新绩效具有显著的正向相关关系（$r=0.658$，$p<0.01$）。

第五，资源承诺与管理者解释具有显著的正向相关关系（$r=0.400$，$p<0.01$）；资源承诺与联盟黏性具有显著的正向相关关系（$r=0.472$，$p<0.01$）；资源承诺与合作创新绩效具有显著的正向相关关系（$r=0.593$，$p<0.01$）。

第六，管理者解释与联盟黏性具有显著的正向相关关系（r=0.424，p<0.01）；管理者解释与合作创新绩效具有显著的正向相关关系（r=0.472，p<0.01）。

第七，联盟黏性与合作创新绩效具有显著的正向相关关系（r=0.645，p<0.01）。

经过分析表明，本书各变量之间的相关性均小于0.7，不存在高度相关的情况，表明本书各变量之间具备一定的区别度，后续可以进行假设检验。同时，研究者需要再次强调，各变量之间的相关性不能作为假设检验的依据，假设检验需要新的更为严谨的操作流程。但是，在研究中借助相关性分析来初步判断各变量之间的相关关系以证明研究设计模型的合理性，相关分析具备一定的理论意义和实际操作价值。

第三节　假设检验

本书基于相关的理论基础构建联盟能力对合作创新绩效影响的理论模型。由于本模型包含联盟能力对合作创新绩效的直接效应检验、资源获取与资源承诺的间接效应检验和管理者解释与联盟黏性的调节效应检验等多项假设检验，难以用一组方程对全部的研究假设进行检验。因此，本书在参考大量学术文献的基础上，运用SPSS25.0和Hayes（2017）编制的SPSS宏Process（v3.4）对各假设进行分组验证，分别进行中介效应检验和调节效应检验。

一　中介效应检验

对于中介效应的检验，一般有两种方法：一是通过“三步法”进行检验（其一，检验自变量是否显著正向影响因变量；其二，检验自变量是否显著正向影响中介变量；其三，在控制中介变量的情况下，检验自变量对因变量的显著性影响）。二是使用Bootstrapping的方法进行重复抽样检验，两种方法均能得到准确的中介效应结果

（温忠麟和叶宝娟，2014；熊爱华等，2019）。本书运用第二种方法进行检验，在这种检验方法下，可以对直接效应和中介效应进行一次性检验，节省数据处理时间。采用 SPSS25.0 和 Hayes（2017）编制的 SPSS 宏 Process（v3.4）进行回归分析和模型检验。

根据本书研究的假设模型，考虑在企业实际运作中，资源获取和资源承诺可能不会在企业联盟能力影响合作创新绩效的过程中同时发挥作用，因此在进行假设分析时，对资源获取和资源承诺分别进行假设检验。具体采用 Process v3.4 中的 Model4（Model4 是一个简单的中介模型）进行假设检验，其中包括假设 H1 到假设 H17。

表 6-3 和表 6-4 列示了联盟能力的联盟构建能力维度和合作创新绩效的相关关系及资源获取在其中发挥的中介效应，从表 6-3 中可以看出，联盟构建能力对合作创新绩效具有显著的正相关关系（β=0.448，p<0.001），联盟构建能力对资源获取具有显著的正相关关系（β=0.507，p<0.001），当联盟构建能力和资源获取共同对合作创新绩效产生影响时，二者均对合作创新绩效产生显著正向影响（β=0.180，p<0.001；β=0.529，p<0.001），因此，假设 H1、假设 H2 和假设 H7 成立。从表 6-4 中可以看出，总效应和直接效应的 Boot CI 上下限之间不包含 0，中介效应的 Boot CI 上下限之间也不包含 0，由此资源获取在联盟构建能力与合作创新绩效之间起中介作用的研究假设通过数据验证。根据数据可知，在该路径模型中直接效应值占比 40.18%，中介效应值占比 59.82%，假设 H8 成立。

表 6-3　资源获取对联盟构建能力和合作创新绩效的中介效应检验

变量	方程 1			方程 2			方程 3		
	合作创新绩效			资源获取			合作创新绩效		
	β	SE	t	β	SE	t	β	SE	t
企业性质	-0.077	0.042	-1.827	-0.022	0.045	-0.486	-0.066	0.035	-1.873
企业年限	0.058	0.039	1.484	-0.017	0.041	-0.406	0.067*	0.032	2.059
企业所在行业	-0.015	0.042	-0.362	0.093	0.044	2.111	-0.064	0.035	-1.845

续表

变量	方程1			方程2			方程3		
	合作创新绩效			资源获取			合作创新绩效		
	β	SE	t	β	SE	t	β	SE	t
企业员工数量	-0.035	0.034	-1.032	-0.012	0.035	-0.348	-0.028	0.028	-1.008
联盟构建能力	0.448***	0.040	11.313	0.507***	0.042	12.131	0.180***	0.038	4.716
资源获取							0.529***	0.038	13.922
R^2	0.235			0.278			0.473		
F	26.352**			33.056***			64.134***		

表 6-4　　　　上表检验的各效应分解

	效应值	Boot 标准误	Boot CI 下限	Boot CI 上限
总效应	0.448	0.040	0.370	0.526
直接效应	0.180	0.038	0.105	0.254
中介效应	0.268	0.038	0.199	0.348

表 6-5 和表 6-6 列示了联盟能力的合作协控能力维度和合作创新绩效的相关关系及资源获取在其中发挥的中介效应，从表 6-5 中可以看出，合作协控能力对合作创新绩效具有显著的正相关关系（β=0.552，p<0.001），合作协控能力对资源获取具有显著的正相关关系（β=0.669，p<0.001），当合作协控能力和资源获取共同对合作创新绩效产生影响时，二者均对合作创新绩效产生显著正向影响（β=0.257，p<0.001；β=0.442，p<0.001），因此，假设 H2 和假设 H3 成立。从表 6-6 中可以看出，总效应和直接效应的 Boot CI 上下限之间不包含 0，中介效应的 Boot CI 上下限之间也不包含 0，由此资源获取在合作协控能力与合作创新绩效之间起中介作用的研究假设通过数据验证。根据数据可知，在该路径模型中直接效应值占比 46.56%，中介效应值占比 53.44%，假设 H9 成立。

表 6-5　资源获取对合作协控能力和合作创新绩效的中介效应检验

变量	方程 1			方程 2			方程 3		
	合作创新绩效			资源获取			合作创新绩效		
	β	SE	t	β	SE	t	β	SE	t
企业性质	0.018	0.039	0.478	0.092	0.038	2.408	-0.022	0.035	-0.630
企业年限	0.006	0.035	0.164	-0.076	0.035	-2.180	0.039	0.032	1.230
企业所在行业	-0.015	0.038	-0.387	0.088*	0.037	2.363	-0.053	0.034	-1.563
企业员工数量	0.021	0.030	0.688	0.050	0.030	1.681	-0.001	0.027	-0.049
合作协控能力	0.552***	0.035	15.657	0.669***	0.035	19.227	0.257***	0.043	5.920
资源获取							0.442***	0.044	10.017
R^2	0.368			0.479			0.488		
F	49.946***			78.959***			67.984***		

表 6-6　表 6-5 检验的各效应分解

	效应值	Boot 标准误	Boot CI 下限	Boot CI 上限
总效应	0.552	0.035	0.483	0.622
直接效应	0.257	0.043	0.172	0.342
中介效应	0.296	0.044	0.212	0.384

表 6-7 和表 6-8 列示了联盟能力的关系管理能力维度和合作创新绩效的相关关系及资源获取在其中发挥的中介效应，从表 6-7 中可以看出，关系管理能力对合作创新绩效具有显著的正相关关系（$\beta=0.409$，$p<0.001$），关系管理能力对资源获取具有显著的正相关关系（$\beta=0.431$，$p<0.001$），当关系管理能力和资源获取共同对合作创新绩效产生影响时，二者均对合作创新绩效产生显著正向影响（$\beta=0.196$，$p<0.001$；$\beta=0.495$，$p<0.001$），因此，假设 H3 和假设 H6 成立。从表 6-8 中可以看出，总效应和直接效应的 Boot CI 上下限之间不包含 0，中介效应的 Boot CI 上下限之间也不包含 0，由此资源获取在关系管理能力与合作创新绩效之间起中介作用的研究假设通过数据验证。根据数据可知，在该路径模型中直接效

应值占比 47.92%，中介效应值占比 52.08%，假设 H10 成立。

表 6-7　资源获取对关系管理能力和合作创新绩效的中介效应检验

变量	方程 1			方程 2			方程 3		
	合作创新绩效			资源获取			合作创新绩效		
	β	SE	t	β	SE	t	β	SE	t
企业性质	-0.032	0.041	-0.776	0.029	0.044	0.660	-0.046	0.034	-1.335
企业年限	-0.003	0.037	-0.067	-0.084 *	0.040	-2.087	0.039	0.032	1.237
企业所在行业	0.001	0.040	0.027	0.115 **	0.043	2.669	-0.056	0.034	-1.646
企业员工数量	0.014	0.032	0.442	0.044	0.035	1.265	-0.008	0.027	-0.279
关系管理能力	0.409 ***	0.031	13.046	0.431 ***	0.034	12.696	0.196 ***	0.031	6.297
资源获取							0.495 ***	0.038	13.128
R^2	0.289			0.295			0.493		
F	34.855 ***			35.949 ***			69.372 ***		

表 6-8　上表检验的各效应分解

	效应值	Boot 标准误	Boot CI 下限	Boot CI 上限
总效应	0.409	0.031	0.348	0.471
直接效应	0.196	0.031	0.135	0.257
中介效应	0.213	0.027	0.163	0.269

首先，总结上述数据也有新的发现，在合作协控能力对资源获取产生影响的路径中，被访者的企业所在行业起到了正向显著影响（$\beta=0.088$，$p<0.05$）；在关系管理能力对资源获取产生影响的路径中，被访者的企业所在行业也起到了正向显著影响（$\beta=0.115$，$p<0.01$）。这也表明企业在通过协同控制以及处理与企业联盟对象的关系，来对资源进行高质量和高效应获取时，员工的企业所在行业起到了一定的正向积极作用。因此，在处理联盟对象可能提供的有利资源，企业要尽可能选用高学历的员工进行操作。

其次，综上三组分析可以发现，联盟能力的联盟构建能力、合作协控能力和关系管理能力三个维度均对合作创新绩效产生显著的正向影响，联盟能力的三维度变量也对资源获取均产生显著的正向影响，资源获取在联盟能力的联盟构建能力、合作协控能力和关系管理能力三个维度与合作创新绩效的相关作用路径中发挥了部分中介效应。接下来，对资源承诺在联盟能力的联盟构建能力、合作协控能力和关系管理能力三个维度与合作创新绩效之间的传导关系进行处理分析，其中数据处理阶段包含了前文的联盟能力各维度和合作创新绩效直接路径的相关关系分析，因此不再重复进行文本分析。

表 6-9 和表 6-10 列示了联盟能力的联盟构建能力维度和合作创新绩效的相关关系及资源承诺在其中发挥的中介效应，从表 6-9 中可以看出，联盟构建能力对资源承诺具有显著的正相关关系（$\beta=0.292$，$p<0.001$），当联盟构建能力和资源承诺共同对合作创新绩效产生影响时，二者均对合作创新绩效产生显著正向影响（$\beta=0.304$，$p<0.001$；$\beta=0.493$，$p<0.001$），因此，假设 H11 和假设 H14 成立。从表 6-10 中可以看出，总效应和直接效应的 Boot CI 上下限之间不包含 0，中介效应的 Boot CI 上下限之间也不包含 0，由此资源承诺在联盟构建能力与合作创新绩效之间起中介作用的研究假设通过数据验证。根据数据可知，在该路径模型中直接效应值占比 67.86%，中介效应值占比 32.14%，假设 H15 成立。

表 6-9　资源承诺对联盟构建能力和合作创新绩效的中介效应检验

变量	方程 1			方程 2			方程 3		
	合作创新绩效			资源获取			合作创新绩效		
	β	SE	t	β	SE	t	β	SE	t
企业性质	-0.077	0.042	-1.827	-0.098*	0.045	-2.166	-0.029	0.036	-0.798
企业年限	0.058	0.039	1.484	0.047	0.042	1.125	0.035	0.033	1.045
企业所在行业	-0.015	0.042	-0.362	0.019	0.045	0.421	-0.024	0.035	-0.688

续表

变量	方程 1			方程 2			方程 3		
	合作创新绩效			资源获取			合作创新绩效		
	β	SE	t	β	SE	t	β	SE	t
企业员工数量	-0.035	0.034	-1.032	-0.040	0.036	-1.120	-0.015	0.029	-0.517
联盟构建能力	0.448***	0.040	11.313	0.292***	0.043	6.864	0.304***	0.035	8.583
资源承诺							0.493***	0.038	12.887
R^2	0.235			0.107			0.449		
F	26.352**			10.328***			58.089***		

表 6-10　　上表检验的各效应分解

	效应值	Boot 标准误	Boot CI 下限	Boot CI 上限
总效应	0.448	0.040	0.370	0.526
直接效应	0.304	0.035	0.235	0.374
中介效应	0.144	0.027	0.090	0.196

表 6-11 和表 6-12 列示了联盟能力的合作协控能力维度和合作创新绩效的相关关系及资源承诺在其中发挥的中介效应，从表 6-11 中可以看出，合作协控能力对资源承诺具有显著的正相关关系（β=0.436，p<0.001），当合作协控能力和资源承诺共同对合作创新绩效产生影响时，二者均对合作创新绩效产生显著正向影响（β=0.380，p<0.001；β=0.396，p<0.001），因此，假设 H12 成立。从表 6-12 中可以看出，总效应和直接效应的 Boot CI 上下限之间不包含 0，中介效应的 Boot CI 上下限之间也不包含 0，由此资源承诺在合作协控能力与合作创新绩效之间起中介作用的研究假设通过数据验证。根据数据可知，在该路径模型中直接效应值占比 68.84%，中介效应值占比 31.16%，假设 H16 成立。

表 6-11　　资源承诺对合作协控能力和合作创新绩效的中介效应检验

变量	方程 1			方程 2			方程 3		
	合作创新绩效			资源获取			合作创新绩效		
	β	SE	t	β	SE	t	β	SE	t
企业性质	0.018	0.039	0.478	-0.027	0.042	-0.651	0.029	0.035	0.840
企业年限	0.006	0.035	0.164	0.013	0.038	0.340	0.001	0.032	0.019
企业所在行业	-0.015	0.038	-0.387	0.010	0.041	0.235	-0.018	0.034	-0.541
企业员工数量	0.021	0.030	0.688	-0.005	0.033	-0.151	0.023	0.027	0.834
合作协控能力	0.552***	0.035	15.657	0.436***	0.039	11.313	0.380***	0.036	10.470
资源承诺							0.396***	0.040	9.900
R^2	0.368			0.237			0.486		
F	49.946***			26.656***			67.366***		

表 6-12　　上表检验的各效应分解

	效应值	Boot 标准误	Boot CI 下限	Boot CI 上限
总效应	0.552	0.035	0.483	0.622
直接效应	0.380	0.036	0.309	0.452
中介效应	0.172	0.027	0.123	0.229

表 6-13 和表 6-14 列示了联盟能力的关系管理能力维度和合作创新绩效的相关关系及资源承诺在其中发挥的中介效应，从表 6-13 中可以看出，关系管理能力对资源承诺具有显著的正相关关系（$\beta=0.354$，$p<0.001$），当关系管理能力和资源承诺共同对合作创新绩效产生影响时，二者均对合作创新绩效产生显著正向影响（$\beta=0.253$，$p<0.001$；$\beta=0.442$，$p<0.001$），因此，假设 H13 成立。从表 6-14 中可以看出，总效应和直接效应的 Boot CI 上下限之间不包含 0，中介效应的 Boot CI 上下限之间也不包含 0，由此资源承诺在关系管理能力与合作创新绩效之间起中介作用的研究假设通过数据验证。根据数据可知，在该路径模型中直接效应值占比

61.86%，中介效应值占比38.14%，假设H17成立。

表6-13　资源承诺对关系管理能力和合作创新绩效的中介效应检验

变量	方程1			方程2			方程3		
	合作创新绩效			资源获取			合作创新绩效		
	β	SE	t	β	SE	t	β	SE	t
企业性质	-0.032	0.041	-0.776	-0.066	0.042	-1.558	-0.002	0.036	-0.068
企业年限	-0.003	0.037	-0.067	0.006	0.039	0.151	-0.005	0.033	-0.153
企业所在行业	0.001	0.040	0.027	0.018	0.041	0.435	-0.007	0.036	-0.194
企业员工数量	0.014	0.032	0.442	-0.011	0.033	-0.332	0.019	0.028	0.668
关系管理能力	0.409***	0.031	13.046	0.354***	0.033	10.854	0.253***	0.031	8.031
资源承诺							0.442***	0.041	10.683
R^2	0.289			0.223			0.439		
F	34.855***			24.603***			55.726***		

表6-14　上表检验的各效应分解

	效应值	Boot标准误	Boot CI下限	Boot CI上限
总效应	0.409	0.031	0.348	0.471
直接效应	0.253	0.031	0.191	0.315
中介效应	0.156	0.022	0.115	0.200

首先，总结上述数据发现，和资源获取的影响路径不同，在合作协控能力对资源承诺产生影响的路径中，被访者的企业所在行业影响作用不显著（β=0.010，p>0.05）；在关系管理能力对资源承诺产生影响的路径中，被访者的企业所在行业影响作用也不显著（β=0.018，p>0.05）。这表明企业与联盟企业进行资源承诺时，员工的企业所在行业并不是重要因素，联盟企业会更看重企业的硬实力。

其次，综上三组分析可以发现，联盟能力的联盟构建能力、合作协控能力和关系管理能力三个维度均对资源承诺产生显著的正向影响，资源承诺在联盟能力的联盟构建能力、合作协控能力和关系管理能力三个维度与合作创新绩效的相关作用路径中发挥了部分中介效应。

最后，综上六组数据可以发现，资源获取和资源承诺在联盟能力的联盟构建能力、合作协控能力和关系管理能力三个维度与合作创新绩效的相关作用路径中都发挥了部分中介效应。其中，资源获取的中介效应占比均超过了 50%，即联盟构建能力、合作协控能力和关系管理能力通过资源获取对合作创新绩效的影响要比三个变量直接对合作创新绩效的影响占比要高。然而，资源承诺的中介效应占比均没有超过 50%，即联盟构建能力、合作协控能力和关系管理能力通过资源承诺对合作创新绩效的影响要比三个变量直接对合作创新绩效的影响占比要低。通过对数据进行对比，本书拓展得到以下结论：相较于资源承诺，资源获取对联盟能力创造更高合作创新绩效的影响要更重要。

二　调节效应检验

为验证管理者解释和联盟黏性是否能够在联盟能力对资源获取和资源承诺的影响作用中产生调节效应，以及管理者解释和联盟黏性是否调节资源获取与资源承诺在联盟能力和合作创新绩效之间的中介效应，该部分继续运用 Process 插件对各变量关系进行验证。

根据本书的假设模型，考虑在企业实际运营中，管理者解释和联盟黏性同时在企业联盟合作过程中发挥作用，企业在与其他企业开展联盟合作时，会与联盟伙伴在日常交易、技术共研等合作过程中产生一定的关系依赖，同时，管理者也会根据企业所处的联盟环境进行解读和甄别并作出一系列战略响应的行为。因此，在进行假设分析时，管理者解释和联盟黏性同时进行调节效应假设检验，这既符合企业实际情况，也满足理论需求。具体采用 Process v3.4 中的 Model9（Model9 是一个符合本书情境设定的模型）进行假设检验，其中包括假设 H18 到假设 H25。

表6-15列示了在资源获取作为中介效应的影响路径中，管理者解释和联盟黏性的调节效应的数据处理。从表6-15中数据可以发现，联盟能力对资源获取具有显著的正相关关系（β=0.586，p<0.001）；管理者解释与联盟能力的交互项对资源获取具有显著的负向影响（β=-0.279，p<0.001），说明管理者解释能够显著的负向调节联盟能力与资源获取的关系；联盟能力与联盟黏性的交互项对资源获取具有显著的正向影响（β=0.252，p<0.001），说明联盟黏性能够显著的正向调节联盟能力与资源获取的关系。同时，如表6-15中的方程2所示，在联盟能力对资源获取的影响路径中加入调节效应之后，联盟能力和资源获取共同对合作创新绩效产生影响时，二者依然均对合作创新绩效产生显著正向影响（β=0.446，p<0.001；β=0.347，p<0.001）。假设H20得到验证，而假设H18没有通过验证。

表6-15　　对资源获取的调节效应检验

变量	方程1			方程2		
	资源获取			合作创新绩效		
	β	SE	t	β	SE	t
企业性质	0.049	0.033	1.481	-0.039	0.033	-1.182
企业年限	-0.048	0.030	-1.571	0.046	0.031	1.508
企业所在行业	0.066*	0.033	2.034	-0.066*	0.033	-2.011
企业员工数量	0.008	0.026	0.311	-0.019	0.026	-0.737
联盟能力	0.586***	0.046	12.863	0.446***	0.052	8.661
资源获取				0.347***	0.044	7.868
管理者解释	0.226***	0.036	6.225			
联盟能力×管理者解释	-0.279***	0.072	-3.895			
联盟黏性	0.191***	0.038	5.021			
联盟能力×联盟黏性	0.252***	0.066	3.823			
R^2		0.609			0.529	

续表

变量	方程 1			方程 2		
	资源获取			合作创新绩效		
	β	SE	t	β	SE	t
F	73.429***			80.008***		

通过上述分析可知，管理者解释与联盟能力的交互项对资源获取具有显著的负向影响，因此，可以表明管理者解释不会对资源获取在联盟能力和合作创新绩效之间的中介效应起到正向调节作用，假设 H22 不成立。而联盟黏性与联盟能力的交互项对资源获取具有显著的正向影响，联盟黏性是否会对资源获取在联盟能力和合作创新绩效之间的中介效应起到显著的正向调节作用，本书继续通过 Process v3.4 进行检验，得到条件间接效应如表 6-16 所示。

根据表 6-16 中内容可以发现，在数据分析过程中控制管理者解释变量，第一，在管理者解释水平较低的情况下，联盟黏性较低时，联盟能力通过资源获取影响合作创新绩效的间接效应为 0.209，置信区间为［0.132，0.297］，不包含 0；联盟黏性较高时，联盟能力通过资源获取影响合作创新绩效的间接效应为 0.299，置信区间为［0.197，0.409］，不包含 0。结果表明，在管理者解释水平较低的情况下，联盟黏性能够正向调节联盟能力通过资源获取影响合作创新绩效的间接效应，而且调节效应是显著的。第二，在管理者解释水平处于中间水平的情况下，联盟黏性较低时，联盟能力通过资源获取影响合作创新绩效的间接效应为 0.159，置信区间为［0.092，0.238］，不包含 0；联盟黏性较高时，联盟能力通过资源获取影响合作创新绩效的间接效应为 0.248，置信区间为［0.162，0.334］，不包含 0。结果表明，在管理者解释处于中间水平的情况下，联盟黏性能够正向调节联盟能力通过资源获取影响合作创新绩效的间接效应，而且调节效应是显著的。第三，在管理者解释水平较高的情况下，联盟黏性较低时，联盟能力通过资源获取影响合作创新绩效的间接效应为0.109，置信区间为［0.036，0.198］，不包含0；联盟黏性较高时，联盟能力通过资源获取影响合作创新绩效的间接效应为0.198，置信区间为［0.122，0.278］，不包含0。结果表明，在管理者解释水平较高的情况下，联盟黏性能够正向调节联盟能力通过资源获取影响合作创新绩效的间接效应，而且调节效应是显著的。

表 6-16　　条件间接效应

管理者解释	管理者解释分组	联盟黏性	联盟黏性分组	Effect	Bootstrap 的 95%CI		
					SE	LLCI	ULCI
-0.519	低（-1SD）	-0.511	低（-1SD）	0.209	0.042	0.132	0.297
-0.519	低（-1SD）	0.000	中（0）	0.254	0.046	0.165	0.349
-0.519	低（-1SD）	0.511	高（+1SD）	0.299	0.054	0.197	0.409
0.000	中（0）	-0.511	低（-1SD）	0.159	0.037	0.092	0.238
0.000	中（0）	0.000	中（0）	0.204	0.038	0.129	0.281
0.000	中（0）	0.511	高（+1SD）	0.248	0.043	0.162	0.334
0.519	高（+1SD）	-0.511	低（-1SD）	0.109	0.041	0.036	0.198
0.519	高（+1SD）	0.000	中（0）	0.153	0.038	0.085	0.233
0.519	高（+1SD）	0.511	高（+1SD）	0.198	0.039	0.122	0.278

继续根据 Process 运算得到的判定指标结果，联盟黏性对联盟能力影响合作创新绩效的间接效应存在调节作用的判定指标为0.088，置信区间为［0.040，0.137］，置信区间不包含0，表明有调节的中介效应显著，进而假设 H24 得到验证。同时，通过上述分析，以及表 6-16 内容可以发现，随着管理者解释水平的增加，联盟黏性的正向调节效应在变低，无论联盟黏性处于什么水平，管理者解释水平越高，联盟能力通过资源获取影响合作创新绩效的间接效应就越低，而且继续根据 Process 运算得到的判定指标结果，管理者解释对联盟能力影响合作创新绩效的间接效应存在调节作用的判定指标为-0.097，置信区间为［-0.172，-0.038］，置信区间不包含0，表

明有调节的中介效应显著，因此，可以推断，管理者解释负向调节了资源获取在联盟能力和合作创新绩效之间的中介作用，与假设H22相悖。

表6-17列示了以资源承诺为中介效应的影响路径中，管理者解释和联盟黏性的调节效应数据处理。从表6-17中数据可以发现，联盟能力对资源承诺具有显著的正相关关系（β=0.331，p<0.001）；管理者解释与联盟能力的交互项对资源承诺具有显著的负向影响（β=-0.326，p<0.001），说明管理者解释能够显著的负向调节联盟能力与资源承诺的关系；联盟黏性与联盟能力的交互项对资源承诺没有显著的影响（β=0.049，p>0.05），说明联盟黏性对联盟能力与资源承诺的关系的正向调节不显著。同时，如表6-17中的方程2所示，在联盟能力对资源承诺的影响路径中加入调节效应之后，联盟能力和资源承诺共同对合作创新绩效产生影响时，二者依然均对合作创新绩效产生显著正向影响（β=0.548，p<0.001；β=0.326，p<0.001）。通过对数据分析结果和假设内容进行匹配可知，假设H19和假设H20都没有通过验证。

表6-17　　对资源承诺的调节效应检验

变量	方程1			方程2		
	资源承诺			合作创新绩效		
	β	SE	t	β	SE	t
企业性质	-0.056	0.038	-1.472	-0.006	0.033	-0.192
企业年限	0.020	0.035	0.557	0.019	0.030	0.618
企业所在行业	-0.003	0.038	-0.067	-0.041	0.033	-1.271
企业员工数量	-0.036	0.030	-1.214	-0.005	0.026	-0.204
联盟能力	0.331***	0.053	6.295	0.548***	0.042	12.923
资源承诺				0.326***	0.039	8.300
管理者解释	0.156***	0.042	3.725			
联盟能力×管理者解释	-0.326***	0.083	-3.953			

续表

变量	方程 1			方程 2		
	资源承诺			合作创新绩效		
	β	SE	t	β	SE	t
联盟黏性	0.193***	0.044	4.407			
联盟能力×联盟黏性	0.049	0.076	0.649			
R^2	0.379			0.535		
F	28.781***			82.168***		

通过上述分析可知，管理者解释与联盟能力的交互项对资源承诺具有显著的负向影响，因此，可以表明管理者解释不会对资源承诺在联盟能力和合作创新绩效之间的中介效应起到正向调节作用，假设 H23 不成立。而联盟黏性与联盟能力的交互项对资源承诺不具有显著的影响，可以表明联盟黏性不会对资源承诺在联盟能力和合作创新绩效之间的中介效应起到显著的调节作用，因此，假设 H25 也不成立。然而，根据上述管理者解释对资源获取在联盟能力和合作创新绩效之间中介效应的调节分析可知，管理者解释能够对该中介路径有一个显著的负向调节作用，因此，在对资源承诺在联盟能力和合作创新绩效之间的中介效应进行调节时，管理者解释是否依然存在显著的负向调节效应，本书继续进行分析，意图得到假设之外的新发现。

本书继续通过 Process v3.4 进行检验，得到条件间接效应如表 6-18 所示。根据表中内容可以发现，在数据分析过程中控制联盟黏性变量，第一，在联盟黏性较低的情况下，管理者解释水平较低时，联盟能力通过资源承诺影响合作创新绩效的间接效应为 0.155，置信区间为［0.105，0.212］，不包含 0；管理者解释水平较高时，联盟能力通过资源承诺影响合作创新绩效的间接效应为 0.044，置信区间为［-0.031，0.124］，包含 0。结果表明，在联盟黏性较低的情况下，管理者解释能够负向调节联盟能力通过资源承诺影响合作创新绩效的间接效应，但是调节效应不显著。第二，在联盟黏性处于中间水平的情况下，管理者解释水平时，联盟能力通过资源承诺影响合作创新绩效的间接效应为0.163，置信区间为［0.113，0.221］，不包含0；管理者解释水平较高时，联盟能力通过资源承诺影响合作创新绩效的间接效应为0.053，置信区间为［-0.002，0.110］，包含0。结果表明，在联盟黏性处于中间水平的情况下，管理者解释能够负向调节联盟能力通过资源承诺影响合作创新绩效的间接效应，但是调节效应不显著。第三，在联盟黏性较高的情况下，管理者解释水平较低时，联盟能力通过资源承诺影响合作创新绩效的间接效应为0.171，置信区间为［0.103，0.247］，不包含0；管理者解释水平较高时，联盟能力通过资源承诺影响合作创新绩效的间接效应为0.061，置信区间为［0.010，0.112］，不包含0。结果表明，在联盟黏性较高的情况下，管理者解释能够负向调节联盟能力通过资源承诺影响合作创新绩效的间接效应，而且调节效应显著。

表6-18　　条件间接效应

联盟黏性	联盟黏性分组	管理者解释	管理者解释分组	Effect	Bootstrap的95%CI		
					SE	LLCI	ULCI
-0.511	低（-1SD）	-0.519	低（-1SD）	0.155	0.028	0.105	0.212
-0.511	低（-1SD）	0.000	中（0）	0.100	0.029	0.048	0.160
-0.511	低（-1SD）	0.519	高（+1SD）	0.044	0.039	-0.031	0.124
0.000	中（0）	-0.519	低（-1SD）	0.163	0.028	0.113	0.221
0.000	中（0）	0.000	中（0）	0.108	0.022	0.067	0.153
0.000	中（0）	0.519	高（+1SD）	0.053	0.029	-0.002	0.110
0.511	高（+1SD）	-0.519	低（-1SD）	0.171	0.037	0.103	0.247
0.511	高（+1SD）	0.000	中（0）	0.116	0.026	0.065	0.169
0.511	高（+1SD）	0.519	高（+1SD）	0.061	0.026	0.010	0.112

因为上述各部分调节效应显著情况不同，继续根据Process运算

得到的判定指标结果，管理者解释对联盟能力影响合作创新绩效的间接效应存在调节作用的判定指标为-0.106，置信区间为[-0.180，-0.045]，置信区间不包含0，表明有调节的中介效应显著，因此，可以推断，管理者解释负向调节了资源承诺在联盟能力和合作创新绩效之间的中介作用，而且总体调节效应显著。同时，根据Process运算得到的判定指标结果，联盟黏性对联盟能力影响合作创新绩效的间接效应存在调节作用的判定指标为0.016，置信区间为[-0.050，0.077]，置信区间包含0，表明有调节的中介效应不显著，进一步证明了假设H11b没有通过验证。

第四节　假设检验结果汇总

本书基于4个产业集群内部企业的员工调研数据，使用Process中介调节效应分析研究方法对本书研究的25个假设进行实证检验，检验结果如表6-19所示，多数研究假设获得研究数据的支持并通过实证检验的验证，少数研究假设没有通过检验但是得到新的发现，由此各变量之间的逻辑关联变得更加明晰，有效确保本书研究理论模型的稳定性和有效性。

表6-19　假设检验结果汇总

假设编号	假设内容	检验结果
H1	联盟构建能力正向影响合作创新绩效	支持
H2	合作协控能力正向影响合作创新绩效	支持
H3	关系管理能力正向影响合作创新绩效	支持
H4	联盟构建能力正向影响资源获取	支持
H5	合作协控能力正向影响资源获取	支持
H6	关系管理能力正向影响资源获取	支持
H7	资源获取正向影响合作创新绩效	支持

续表

假设编号	假设内容	检验结果
H8	资源获取在联盟构建能力与合作创新绩效的关系中起到中介作用	支持
H9	资源获取在合作协控能力与合作创新绩效的关系中起到中介作用	支持
H10	资源获取在关系管理能力与合作创新绩效的关系中起到中介作用	支持
H11	联盟构建能力正向影响资源承诺	支持
H12	合作协控能力正向影响资源承诺	支持
H13	关系管理能力正向影响资源承诺	支持
H14	资源承诺正向影响合作创新绩效	支持
H15	资源承诺在联盟构建能力与合作创新绩效的关系中起到中介作用	支持
H16	资源承诺在合作协控能力与合作创新绩效的关系中起到中介作用	支持
H17	资源承诺在关系管理能力与合作创新绩效的关系中起到中介作用	支持
H18	管理者解释正向调节联盟能力与资源获取的关系	不支持
H19	管理者解释正向调节联盟能力与资源承诺的关系	不支持
H20	联盟黏性正向调节联盟能力与资源获取的关系	支持
H21	联盟黏性正向调节联盟能力与资源承诺的关系	支持
H22	管理者解释正向调节了资源获取在联盟能力和合作创新绩效之间的中介作用	不支持
H23	管理者解释正向调节了资源承诺在联盟能力和合作创新绩效之间的中介作用	不支持
H24	联盟黏性正向调节了资源获取在联盟能力和合作创新绩效之间的中介作用	支持
H25	联盟黏性正向调节了资源承诺在联盟能力和合作创新绩效之间的中介作用	不支持

第七章

研究结论与展望

在知识共享、资源互通的时代，企业联盟能力对于企业创新发展和合作共赢越发重要，学术界对企业联盟能力的研究也一直处于活跃状态。通过前面六章的逐步深入研究，本书聚焦于资源获取和资源承诺两个中间环节，考虑到企业内部的管理者解释和外部的联盟黏性两个方面的调节影响，完善了企业联盟能力的相关理论，并较为系统地剖析了联盟能力提升企业合作创新绩效的机理。通过问卷调研和理论分析，本书利用一手调研数据逐一论证了所有假设。本章节主要内容是对前文核心研究内容的梳理与归纳，并阐述了本书的主要结论、理论贡献和实践启示。在此基础上，本章阐述了研究不足之处和进一步精细化研究方向，并对未来研究提出展望。

第一节　结论与讨论

本书构建了企业联盟能力、资源获取、资源承诺、管理者解释、联盟黏性和合作创新绩效的理论研究框架，融合了企业能力理论、资源基础理论和资源依赖理论等理论观点，基于企业的资源视角，就联盟能力如何影响企业合作创新绩效这一核心问题进行了全面细致的设计和论证。本书结果有助于深入了解企业能力在联盟合作中发挥作用的内在机制，揭示由外而内的资源获取和由内向外的资源承诺对联盟企业开展合作创新的重要传导作用，深入拓展了管理者解释和联盟黏性对于上述作用机制的差异化影响，为联盟企业有效提升自身能力、管理组织间合作和高效研发创新提供了重要的理论依据和实践佐证。本书主要得出以下结论：

第一，企业联盟能力正向作用于合作创新绩效。联盟能力是企业构建联盟关系、扩展现有联盟和建立新联盟，并妥善处理与协调联盟组合中复杂关系和具体活动等的一种能力。考虑到现有联盟的多元复杂网络特征，本书从多边视角出发，不仅考虑企业单一联盟二元关系的构建和管理，也涵盖了企业组建多个联盟组合时对现有联盟之间的兼容性以及联盟间的关系协调等方面，将联盟能力划分为联盟构建能力、合作协控能力和关系管理能力三个维度。联盟构建能力是具有企业战略高度的能力，企业通过解读环境、洞悉市场、选择伙伴，最终构建与之匹配的战略联盟，这是企业间合作创新取得成功的关键因素。合作协控能力属于网络层面上的协调能力，企业在与联盟伙伴合作过程中，既协调控制合作项目，也调配和管理不同联盟组合之间的资源，用柔性方式解决和化解联盟冲突，是企业取得合作创新绩效的基础保障。关系管理能力属于企业运营层面的可操作性能力，体现了企业是否能够动态适应联盟发展的能力，贯穿于联盟发展的各个时期，也是联盟成员之间取得合作创新绩效的重要因素。通过实证分析表明，企业联盟能力的上述三个维度均显著正向影响合作创新绩效，该结论与以往研究达成共识，即联盟能力是企业顺利开展合作创新的重要能力，联盟构建能力是核心企业是否与其他联盟企业开展合作创新活动的重要基础和前提（March，1991；白景坤和丁军霞，2016），关系管理能力有效地保证企业长期合作的有序运作和合作创新绩效的稳步提升（Madhok，1995），该结论也验证了合作协控能力对企业合作创新绩效的积极影响。因此，表明企业的联盟能力能够显著正向影响合作创新绩效。

第二，联盟能力提升合作创新绩效的重要传导路径是资源获取和资源承诺，资源获取和资源承诺在联盟能力和合作创新绩效之间起到显著的中介效应。资源获取是企业联盟能力发挥作用的一种外在体现，是企业将战略联盟利益相关者的外部资源纳入企业内部并为其所用的过程。通过本书的实证结果表明，联盟构建能力、合作协控能力和关系管理能力都能够显著影响企业的资源获取情况，资源获取对于提升企业的合作创新绩效具有显著效应，同时综合证明了在联盟能力影响合作创新绩效的作用路径中，资源获取发挥了部分中介效应。资源承诺是企业为维护联盟合作的稳定和促进联盟合作的发展向联盟注入资源的意愿，也是开展创新合作的重要前提条件。通过本书的实证结果表明，联盟构建能力、合作协控能力和关系管理能力都能够显著影响企业的资源承诺，资源承诺对于提升企业的合作创新绩效具有显著效应，综合证明了资源承诺在联盟能力影响合作创新绩效的作用路径中发挥了部分中介效应。对比来看，资源获取的中介效应占比均超过 50%，而资源承诺的中介效应占比均低于 50%，这也表明对企业而言，从外部获取有效资源的方式更有利于提升自身的创新绩效，然而企业也要明白资源承诺对战略联盟的重要意义，不能只重视外部资源获取，而忽略向联盟合作中做出适当资源分享和投入的行为。

第三，联盟黏性在联盟能力对资源获取、资源承诺的影响中发挥着显著的正向调节作用；管理者解释在联盟能力对资源获取、资源承诺的影响中发挥着显著的负向调节作用。权变理论认为，在研究企业行为和企业绩效的过程中，必须将外部环境与组织管理进行交互匹配，以更加体现环境的重要意义。在企业联盟环境中，联盟黏性作为一种联盟关系强度和关系变动倾向的外在体现，会影响到企业在联盟中的行为，在动态变化的联盟环境中，每个企业都会根据外部环境变化而做出一定的行为调整。通过本书的实证结果表明，联盟黏性越高，联盟能力对资源获取的正向显著影响越强，资源获取对联盟能力与合作创新绩效之间的正向显著中介效应越强。

然而，联盟黏性在联盟能力通过资源承诺影响合作创新绩效的作用机制中不发挥显著的正向调节作用。这也表明在动态变化的联盟环境中，联盟黏性对于企业外部资源获取的调节影响更高，企业如果想通过资源获取来更好地提升合作创新绩效，就要充分利用和维护好联盟黏性。

与外部环境不同的是，企业内部的组织管理体现为管理者解释水平。基于动态视角，管理者解释是有限理性的高层管理者将其认知结构向行为方式转变的一个信息筛选过程。管理者是企业的灵魂，是企业发挥能力实施战略的决定者，管理者解释会逐渐地影响到企业组织行为惯性和选择逻辑。在本书研究中，管理者解释在联盟能力通过资源获取、资源承诺影响合作创新绩效的作用机制中发挥着显著的负向调节作用。这表明着管理者将外部环境更多地解读为机会的企业，联盟能力对资源获取和资源承诺的显著影响要低。这似乎与管理者需要具备高机会水平的环境解释能力相悖。然而，根据组织结构化理论，组织的战略行为是基于组织行动者的认知基础，也就是说，管理者对外部环境的理解和解释会干预企业在日常中的战略投资行为。在本书研究情境中，高管理者解释水平的管理者可能会对外部环境进行更多的解读，从而产生过分“利己”的行为。根据资源依赖理论，企业可能自身会对资源加以控制，最大限度地减少对其他企业的依赖；并且对资源加以控制，以最大化其他企业对自身资源的依赖。这就导致了企业会采取减少外部资源获取和内部资源承诺的行为，从而在实证结果验证中表现出管理者解释在联盟能力通过资源获取、资源承诺影响合作创新绩效的作用机制中发挥显著的负向调节作用。该结论表明，在企业联盟内部，企业管理者不应过分解读外部信息，也不应对外部环境产生过分敏感行为，各企业要保持良好的合作关系，加强联盟黏性，互利共赢。

第二节　管理启示

根据前几章的分析，本书已对企业联盟构建能力、合作协控能力和关系管理能力对合作创新绩效的影响路径做了全面和系统的解析。本小节将总结本书取得的理论贡献并进一步阐释对实践的相关启示，对研究存在的局限性和不足之处进行说明，展望未来研究方向。

一　理论贡献

通过对企业能力理论、资源依赖理论、资源基础理论、权变理论等相关理论观点的融合，并紧密联系现实情境，结合战略联盟合作创新和联盟管理的实践，本书探究了企业联盟能力（联盟构建能力、合作协控能力和关系管理能力）对合作创新绩效的影响，具有较强的理论探索性和现实性。主要的理论贡献有如下三个方面：

（1）通过对联盟双边视角和联盟组合视角的结合，在战略联盟合作情境下，对企业联盟能力的维度划分标准和测量进行了积极的探索，对后续企业联盟能力的研究提供一定的借鉴。在现有有关企业联盟能力的研究中，学者一般将联盟经验、关系治理、知识管理和沟通协调等作为企业联盟能力的外在表现（Hoffmann，2005；Kale and Singh，2009；Hoffmann，2005），并没有形成完整的、一致性的观点。基于此，本书在结合联盟过程视角和构成要素视角的基础上，将企业联盟能力定义为企业识别外部联盟的价值和机会、构建和设计联盟网络、协调和控制合作行为和进程以及管理和维持联盟成员关系的能力。同时，从三个维度详细地分析了企业联盟能力的内涵：联盟构建能力，反映了核心企业及时对外部环境行业发展的感知，识别自身战略需求，找到符合自身战略发展的企业并与之结盟；合作协控能力，反映了企业对联盟行动和合作创新过程的把握和协调，对合作过程中资源的配置和联盟合作速度进行控制，促进联盟成员间合作默契机制的建立；关系管理能力，是企业维护和优化联盟关系的能力，在缓和或解决联盟冲突时运用柔性管理方式，通过沟通加强联盟成员间的信任，以获得持久良好的合作关系。综上，基于我国本土企业现实情况的调研，本书采用探索性因子分析和验证性因子分析的方法对企业联盟能力测量量表进行检验。结果证实，本书用企业联盟能力的划分维度来衡量企业联盟能力是有效的、可信的，并进一步地研究企业联盟能力的内涵及其如何在联盟中发挥作用进一步影响行为做出一些探索性的尝试。

（2）资源视角下企业联盟能力对合作创新绩效作用机制的进一步深化研究，补充和扩展了战略联盟背景下的资源理论体系。在学术界，战略联盟一直是企业战略管理和创新管理的热点话题，国内外众多学者对于结盟动机、联盟关系、联盟结构特征、联盟成长和绩效等方面进行了相关讨论，但具体到企业如何发挥联盟能力以获取高合作创新绩效的研究仍不够充分，企业如何需立足于以自身为中心的联盟网络，充分发挥联盟能力，最大化联盟合作创新的实效是需要深入讨论的重要课题。企业既要考虑如何与联盟伙伴建立及维持联盟关系，还要懂得如何有效地协调控制合作进程，将组织成员的能力和资源与自身能力和资源在联盟环境下的动态合作过程中协同整合，进一步发挥联盟价值，获取利益最大化。本书以资源为视角，基于资源依赖理论、资源基础理论，构建了企业联盟能力影响合作创新绩效路径的理论框架，在以企业联盟能力为自变量、资源获取和资源承诺为中介变量、管理者解释和联盟黏性为调节变量的研究框架中，明确地得出了企业联盟合作创新绩效的传导路径。同时，研究发现，企业联盟能力是帮助企业提高创新质量和效率的核心驱动力，也是决定战略联盟是否成功的关键因素；加强企业资源的高效流动和合理化配置，通过资源获取和资源承诺与联盟成员之间形成合作互动，可以有效提升合作创新绩效。基于此，本书弥补了现有文献中基于联盟复杂关系背景下企业合作创新研究的不足，补充和拓展了关于资源获取和资源承诺如何作用于企业技术研发活动以及赢得持续竞争优势的研究，实现了企业联盟与创新管理研究的对接，有助于纵深发展企业联盟能力对合作创新影响研究方向，为联盟企业开展和管理合作创新活动的研究提供了崭新的研究视角。

（3）讨论了企业内外部情境要素对联盟能力影响合作创新绩效的调节效应，拓宽了企业联盟背景下合作创新的研究思路。在梳理和归纳现有研究成果后，本书从认知视角和权变视角，将内部情境因素管理者解释和外部情境因素联盟黏性两个变量引入研究框架中，解释了企业内部管理者对环境的认知和企业外部联盟环境中的关系特征如何调节企业联盟能力对资源获取和资源承诺的影响，识别了在内外部情境因素影响下企业联盟能力的实践情况以及对资源获取和资源承诺的中介机制的影响情况，进一步充实了联盟能力的情境化研究，补充了联盟能力作用机制的相关理论，为企业管理者对环境如何认知，如何应用和维护环境以更加有效地发挥企业联盟能力提供时间思路，并为把握资源要素的流动和配置以促进联盟合作创新提供了新的实证和理论依据。综上，本书加深了对企业联盟合作创新活动中“能力—行为—绩效”这一逻辑链条的理解，对已有研究思路进行了拓展。

二　实践启示

当今企业开放式创新范式的兴起促进了企业间合作创新的进行，尤其是战略联盟关系下的合作创新模式日益受到企业的欢迎。推动战略联盟的构建和合作创新的进行，可以有效地帮助企业实现资源充电、风险化解、投入降低等一系列优势，是中国企业突破现有自主创新瓶颈、快速提升创新能力的重要举措，更是提高国家产业核心竞争力的有效途径。但是，居高不下的联盟合作失败率使企业陷入联盟合作的困境，尽管不断扩大的联盟规模为企业增添了从外部获取资源和弥补能力的空间和潜力，但在错综复杂的联盟合作中，企业往往无法在合作中获取预期收益，战略联盟也就无法实现合作的协同效应。尤其企业在跨行业、跨地区进行联盟合作时，文化、区域等外在因素带来沟通屏障和合作障碍，由此对联盟合作产生负向效应。因此，为保证联盟环境中合作创新的顺利开展和运行，企业必须意识到联盟能力的重要意义并积极主动地培育和应用联盟能力，把提升联盟能力当成重要的战略任务，这将对企业能否从联盟合作中获得超额收益和满意的合作创新绩效起到决定性作用。本书研究的结论对如何提升和有效发挥企业能力以及战略联盟合作管理的实践具有重要的意义。

（1）企业应主动培育联盟能力，重视提升联盟能力。本书进一步证实了 Hoffmann（2007）、Sarkar 等（2009）的观点：企业作为联盟主体成员，在缔结联盟到联盟运营再到联盟存续期间，应在联盟发展动态变化的过程中进一步把握和培育联盟能力。首先，企业应提高对联盟和合作进行主动规划的战略能力，在联盟初建期通过对外部环境的快速准确判断来掌握联盟合作的先机，在这个阶段通过对联盟伙伴准确识别和判断会减少建立冗余关系的概率，在明确自身战略需求和联盟意图的前提下，不被动地等待外部机遇，搜寻与自身情况匹配并挖掘与具有潜在价值的联盟伙伴，抓住合作机会并在联盟中主动占据优势位置，用超前的战略意识评估未来联盟合作的演化趋势，对结盟对象和合作关系进行动态的调整和更新，而不是仅仅关注与之联盟的数量和规模等表象。其次，企业在联盟过程中，提升对合作活动和行为的协调控制能力有助于发挥联盟协同机制，关注企业与联盟伙伴之间的合作创新进展，使合作创新联盟逐步成长为有机互动的组织联合体，并通过对合作创新项目速度、进度和质量的把握，调整自身合作状态，及时跟踪合作中出现的问题和冲突，避免合作困境进一步恶化，日常合作行为沟通规范，企业实现跨地区、行业的组织合作和资源共享。最后，重视对联盟关系管理，加强对已有联盟关系系统的维持和优化。沟通机制是建立信任和维护关系的最有效途径，企业自身应积极频繁地与合作伙伴适时沟通，针对合作情况和可能的冲突进行交流协调，建立和维持联盟成员间的合作信任机制，在出现日常合作和经营的理念不一致时应尽量协商。此外，维护关系时妥善处理联盟合作中发生的冲突是联盟关系持续改进的关键所在。企业需要认识到，企业作为自身联盟网络的中心位置，是联盟知识、信息、资本等资源汇聚的焦点，必须利用关系管理将联盟网络进行激活和充分利用，对联盟成员间资源进行配置和重组，积极成为合作创新活动的主导者。

（2）企业应提高对联盟内资源要素的吸收和应用并加强对自身资源的流动和配置。联盟环境为企业合作创新提供了多元化的土壤和平台，企业最大化获取联盟中异质性有效资源，并向联盟中积极注入合理的资源，是促使合作创新开花结果的重要肥料。本书研究结果也证明，企业联盟能力对合作创新绩效的提升作用主要通过资源获取和资源承诺传递的，企业构建、管理和维护联盟并通过由外到内的资源获取和由内而外的资源承诺来进一步影响合作创新绩效，充分展示出资源视角下企业发挥联盟能力来提升合作创新绩效的动态机理，以及企业与联盟成员间进行资源共享和互换的重要实践意义。在联盟合作创新中，企业应建立和完善资源共享机制，进行优势互补和优势相长以获取更多的合作租金。企业应当提升自身对外部资源的识别、组合、匹配和利用，更加积极主动地学习外部知识、吸收外部信息、采纳外部技术建议；同时，更要乐于分享和投入自己所拥有的资源，与外部联盟建立流动的资源交流机制，通过对内外部资源的重新匹配、重构资源基础等行为促进资源的高效流通和转换，发挥资源最大功效，促使联盟合作创新更加具有灵活性和动态性，同时加强合作创新的稳定性，企业也会因此收获持续性的高合作绩效和创新优势。

（3）管理者对环境是机会还是威胁的态度关乎联盟能力的发挥和资源要素的效用，企业需要意识到内部管理者认知的重要性；同时，外部联盟黏性对合作创新绩效的作用机制发挥了重要影响，企业亦需要充分把握和应用联盟黏性。企业的管理者需要时刻关注外部环境和政策的变化，使企业自身能力和认知及时地与周围环境进行匹配，从思想认知出发带动企业行为，最大化发挥企业联盟能力。本书实证表明，管理者解释在联盟能力对资源获取、资源承诺的影响中发挥着显著的负向调节作用，即当管理者将外部环境解释为机会时，联盟能力对资源获取和资源承诺的正向影响会减弱。也就是说，当管理者对环境加以乐观态度时，联盟能力反而会较少地促进企业资源获取和资源吸收，因此，作为管理者而言，盲目对形势保持乐观态度会影响企业联盟能力的应用效果，并导致无法彻底发挥资源的能动性。所以适当保持危机意识，对创新更具紧迫感，会在某种程度上进一步挖掘联盟能力的发挥潜力并提高资源要素的激活效率，这对企业管理者如何认识和把握外部环境具有重要的现实指导意义。同时，本书研究证实，联盟黏性越高时联盟能力对资源获取的正向显著影响越强，资源获取对联盟能力与合作创新绩效之间的正向显著中介效应也越强，也就是说，浓厚的联盟关系氛围可以有效促进联盟能力的进一步发挥，进而提高联盟成员间的信息、资源的交流和共享。另外，联盟黏性在联盟能力对资源获取和资源承诺的影响中也发挥着重要作用，并对资源获取中介机制有着正向影响。企业的联盟合作过程并不是静态的、稳定的，容易受到外部环境的干扰，而联盟黏性的增强为合作创新活动的实现营造了更有利的环境氛围，联盟中成员间更高的信任感与依赖感会进一步促使联盟合作创新中联盟能力和资源要素的作用发挥。因此，企业在联盟合作创新活动的开展过程中，需结合自身实际发展情况，维护好和利用好联盟黏性。

第三节　研究局限性与未来展望

本书以企业能力理论、资源基础理论和资源依赖理论为视角，构建了企业联盟能力对合作创新绩效的作用模型，假设与检验了联盟能力、资源获取、资源承诺和合作创新绩效之间的内在影响机制，并加入企业内外部情境变量对影响机制进一步分析，得出了一些较有意义的研究结论。由于个人能力等主客观因素的制约，存在局限之处，在未来的研究中需要进一步改善和讨论：

（1）样本企业数据的区域性局限可能会影响研究结论的普适性。虽然本书研究数据通过多种渠道方式进行问卷发放和回收，并认真考量了样本企业的规模、年龄、产权性质、行业分布等因素，基本满足实证分析的要求。但由于本书样本企业大多位于山东省区域范围内的沿海地区，区域因素及企业行业特征因素的影响不可避免，不利于本书研究结果的普适性。因此，在未来研究中会尽可能将调研范围扩大分散化，降低区域异质性因素，进一步对相关研究进行验证。

（2）关于联盟能力影响因素的研究。企业联盟能力可以提升组织成员的合作创新绩效，实证分析结果也确认了资源获取和资源承诺的中介作用机制。因此，获取联盟合作创新的成功，保证企业合作创新成效，需要不断提升企业联盟能力。但究竟如何提升联盟能力呢？事实上，影响联盟能力的因素有很多，在未来的研究中，可进一步对企业联盟能力的影响机制进行讨论。

（3）关于资源获取和资源承诺之间交互效应的研究。本书确认了资源获取和资源承诺是提升联盟企业合作创新绩效的重要中介因素，但对于资源获取和承诺两者之间存在怎样的关系还未进一步探讨，企业联盟中获取足够的资源并加以内化应用是否会促进企业向外输出资源增加资源承诺的行为？因此，在后续的研究中，可以考虑资源获取和资源承诺可能存在的交互作用，在理论分析和实证研究的基础上，更加深入探究联盟合作创新企业的资源管理问题。

综上所述，作为当前理论界和实践界的热点话题，资源视角下企业联盟能力影响合作创新绩效的研究有较大的理论意义和实践意义。未来将选择不同区域的研究对象，进一步拓展研究范畴，希望本书研究所做的初步探索和研究能够为更多学者进行深入研究有一定的启示和铺垫。

附　录

“联盟能力”调查问卷（一）

尊敬的各位先生、女士：

您好！本次问卷是××进行的学术研究，旨在调查联盟能力对企业合作创新绩效的影响作用，非常感谢您在百忙之中抽出时间作答，您的意见对于本书研究非常重要。本书课题组恳求您认真填写作答，所有问题均没有正误之分，也不存在标准答案之说，您的回答仅代表您的个人观点，请您根据自己的实际来进行问题作答。本书课题组确保本次问卷仅用于学术研究和数据分析，不会被用于任何商业用途，整个过程采用匿名的方式，绝不会向任何第三方透露您的隐私和作答情况。

非常感谢您的热情参与支持！祝您工作顺利，生活美满！

注：企业联盟是指企业之间在策略目标的考虑下结成盟友，自主地进行互补性资源交换，各自达成目标产品阶段性的目标，最后获得长期的市场竞争优势，并形成一个持续而正式的关系。

第一部分：测量题项

（一）基本信息

1. 贵企业成立年份________年

2. 贵企业位于________省________市

3. 贵企业人工总数大约为________人

4. 贵企业所有者性质：

○国有　○民营　○合资　○集体

○其他（请填写）________

5. 贵企业主营业务所在行业领域：

○纺织机械制造类　○农产品深加工

○高新技术类　○家电制造类

○其他行业（请填写）________

（二）关于联盟能力的问项

请以您的企业为对象，下列描述的企业行为中，根据您的认可程度，进行相应选择。完全不同意 = 1；不同意 = 2；一般 = 3；同意 = 4；完全同意 = 5。您的选择并无对错之分，请您表达最真实的想法。	完全不同意	不同意	一般	同意	完全同意
1. 企业能够及时关注行业技术发展和市场变化以识别潜在合作机会	1	2	3	4	5
2. 企业能够通过多种渠道和途径收集潜在联盟伙伴	1	2	3	4	5
3. 企业能够清楚以何种策略率先与优质企业建立联盟以占据竞争先机	1	2	3	4	5
4. 企业能够明确合作目标并准确判断不同联盟的发展潜力和价值	1	2	3	4	5
5. 企业能够协调跨联盟的活动和战略，妥善处理现有联盟间的兼容性	1	2	3	4	5
6. 企业可以根据不同目标协调多个联盟伙伴间进行的创新活动	1	2	3	4	5
7. 企业能够有效地进行联盟谈判	1	2	3	4	5
8. 企业能够妥善处理联盟合作中的冲突问题	1	2	3	4	5
9. 企业建立了基于互相信任和承诺的联盟关系	1	2	3	4	5
10. 企业会与合作伙伴及时联系和拜访以满足双方的信息需求	1	2	3	4	5
11. 企业能够面对困难具有灵活性并适应联盟伙伴	1	2	3	4	5
12. 企业能够及时地终止联盟合作关系	1	2	3	4	5

（三）关于企业合作创新绩效的问项

请以您的企业为对象，下列描述的企业行为中，根据您的认可程度，进行相应选择。完全不同意＝1；不同意＝2；一般＝3；同意＝4；完全同意＝5。您的选择并无对错之分，请您表达最真实的想法。	完全不同意	不同意	一般	同意	完全同意
…… 25. 企业与联盟伙伴合作了较长时间	1	2	3	4	5
26. 企业愿意与联盟伙伴继续该合作关系	1	2	3	4	5
27. 如果可以重新选择，企业仍然会选择现在的联盟伙伴	1	2	3	4	5
28. 企业对合作的成果感到很满意	1	2	3	4	5
29. 企业与联盟伙伴的合作关系非常愉快	1	2	3	4	5
30. 通过合作，企业研发速度获得显著提升	1	2	3	4	5
31. 通过合作，企业技术创新的成功率显著提升	1	2	3	4	5
32. 通过合作，企业现有技术得以明显的改善	1	2	3	4	5
33. 通过合作，企业的核心技能有了显著提高	1	2	3	4	5

第二部分：填写人基本信息

1. 您的性别：

○A 男　　○B 女

2. 您的年龄：

○A 30 岁及以下　　○B 31—40 岁

○C 41—50 岁　　○D 51 岁及以上

3. 您的学历：

○A 高中以下学历　　○B 高中或中专

○C 大专或本科　　○D 研究生

4. 您在目前企业的工作年限：

○A 1 年以下　　○B 1—3 年

○C 4—6 年　　○D 7 年及以上

"联盟能力"调查问卷（二）

尊敬的各位先生、女士：

您好！本次问卷是××进行的学术研究，旨在调查企业联盟条件下的企业资源获取与企业承诺以及联盟黏性等信息，非常感谢您在百忙之中抽出时间作答，您的意见对于本书非常重要。本书课题组恳求您认真填写作答，所有问题均没有正误之分，也不存在标准答案之说，您的回答仅代表您的个人观点，请您根据自己的实际来进行问题作答。本书课题组确保本次问卷仅仅用于学术研究和数据分析，不会被用于任何商业用途，整个过程采用匿名的方式，绝不会向任何第三方透露您的隐私和作答情况。

非常感谢您的热情参与支持！祝您工作顺利，生活美满！

注：企业联盟是指企业之间在策略目标的考虑下结成盟友，自主地进行互补性资源交换，各自达成目标产品阶段性的目标，最后获得长期的市场竞争优势，并形成一个持续而正式的关系。

第一部分：测量题项

（一）基本信息

1. 贵企业成立年份________年

2. 贵企业位于________省________市

3. 贵企业人工总数大约为________人

4. 贵企业所有者性质：

○国有　○民营　○合资　○集体

○其他（请填写）________

5. 贵企业主营业务所在行业领域：

○纺织机械制造类　　○农产品深加工

○高新技术类　　○家电制造类

○其他行业（请填写）________

（二）关于企业资源获取的问项

请以您的企业为对象，下列描述的企业行为中，根据您的认可程度，进行相应选择。完全不同意=1；不同意=2；一般=3；同意=4；完全同意=5。您的选择并无对错之分，请您表达最真实的想法。	完全不同意	不同意	一般	同意	完全同意
…… 13. 企业有多样化的渠道获取技术研发知识和创新管理知识等资源	1	2	3	4	5
14. 企业有多样化的渠道获取政府基金和技术合作外部资金等资源	1	2	3	4	5
15. 企业有多样化的渠道获取市场信息、技术信息等资源	1	2	3	4	5
16. 企业能够很好地整合联盟中的零散资源	1	2	3	4	5
17. 企业能在足够短的时间内获得重要资源	1	2	3	4	5
18. 企业能以较低的成本获取资源	1	2	3	4	5
19. 企业获取的资源与企业的需求匹配度很好	1	2	3	4	5
20. 企业获得资源所产生的价值大于其成本	1	2	3	4	5

（三）关于企业资源承诺的问项

请以您的企业为对象，下列描述的企业行为中，根据您的认可程度，进行相应选择。完全不同意=1；不同意=2；一般=3；同意=4；完全同意=5。您的选择并无对错之分，请您表达最真实的想法。	完全不同意	不同意	一般	同意	完全同意
21. 企业有足够的财务资源保证联盟合作创新活动的开展	1	2	3	4	5
22. 企业投入足够的管理成本费用进行联盟创新活动	1	2	3	4	5
23. 企业能够保证在合作创新软件方面的投资	1	2	3	4	5
24. 企业能够保证在合作创新相关硬件方面的投资	1	2	3	4	5

（四）关于企业联盟黏性的问项

请以您的企业为对象，下列描述的企业行为中，根据您的认可程度，进行相应选择。完全不同意=1；不同意=2；一般=3；同意=4；完全同意=5。您的选择并无对错之分，请您表达最真实的想法。	完全不同意	不同意	一般	同意	完全同意
…… 34. 企业非常依赖现有联盟伙伴	1	2	3	4	5
35. 企业与联盟伙伴已经形成了合作惯性	1	2	3	4	5
36. 企业很难找到新的合作伙伴替代现有联盟伙伴	1	2	3	4	5
37. 企业对现有联盟伙伴具有较高的忠诚度	1	2	3	4	5
38. 企业期待与现有联盟伙伴继续合作	1	2	3	4	5

（五）关于企业管理者解释的问项

请以您的企业为对象，下列描述的企业行为中，根据您的认可程度，进行相应选择。完全不同意=1；不同意=2；一般=3；同意=4；完全同意=5。您的选择并无对错之分，请您表达最真实的想法。	完全不同意	不同意	一般	同意	完全同意
39. 外部总体环境对企业发展是积极的	1	2	3	4	5
40. 企业能够从市场中获取巨大收益	1	2	3	4	5
41. 企业能够利用现有资源控制外部局势	1	2	3	4	5
42. 市场的总体环境对企业是机会	1	2	3	4	5

第二部分：填写人基本信息

1. 您的性别：

○A 男　　　　○B 女

2. 您的年龄：

○A 30 岁及以下　　　　○B 31—40 岁

○C 41—50 岁　　　　○D 51 岁及以上

3. 您的学历：

○A 高中以下学历	○B 高中或中专
○C 大专或本科	○D 研究生

4. 您在目前企业的工作年限：

○A 1 年以下	○B 1—3 年
○C 4—6 年	○D 7 年及以上

参考文献

白景坤、丁军霞：《网络能力与双元创新的关系——环境动态性的调节作用》,《科学学与科学技术管理》2016年第8期。

陈寒松、朱晓红：《新创企业异质性资源、资源获取与创业绩效关系研究——基于创业机会的视角》,《经济与管理评论》2012年第3期。

陈劲等：《基于RIR的企业合作创新绩效影响因素研究》,《科学学研究》2007年第5期。

陈守明等：《CEO任期与R&D强度：企业年限和教育层次的影响》,《科学学与科学技术管理》2011年第6期。

陈晓峰：《关系资源对集群企业间合作绩效的影响研究》,《科研管理》2017年第6期。

陈亦悠：《社会网络、资源获取和农民创业绩效的关系研究》,博士学位论文，浙江大学，2015年。

邓渝、邵云飞：《联盟组合伙伴选择、双元组织学习与创新能力关系研究》,《研究与发展管理》2016年第6期。

方啸等：《2018中国企业创新发展报告》，汇丰中国，2018年。

侯光文、薛惠锋：《集群网络关系、知识获取与协同创新绩效》,《科研管理》2017年第4期。

冯泰文等：《合作创新研究现状探析与未来展望》,《外国经济与管理》2013年第9期。

奉小斌：《集群新创企业平行搜索对产品创新绩效的影响：管理者解释与竞争强度的联合调节效应》，《研究与发展管理》2016

年第 4 期。

傅家骥、程源：《面对知识经济的挑战，该抓什么？——再论技术创新》，《中国软科学》1998 年第 7 期。

付晓蓉等：《长期关系中渠道冲突对企业创新能力的影响研究》，《科研管理》2016 年第 3 期。

关健、王先海：《双边层次联盟能力与企业绩效、合作满意度关系研究》，《管理工程学报》2015 年第 4 期。

郭晓川：《企业网络合作化技术创新及其模式比较》，《科学管理研究》1998 年第 5 期。

胡望斌、朱东华：《我国进口受限关键技术合作创新投资模型研究》，《科学学研究》2007 年第 2 期。

嵇留洋等：《考虑公平偏好的产学研合作资源投入行为演化研究》，《统计与决策》2018 年第 14 期。

蒋维平等：《技术创新联盟网络对企业创新绩效的影响机理——企业如何借助联盟能力提升绩效?》，《科技管理研究》2017 年第 7 期。

李刚等：《供应商网络黏性、动态能力与产品创新的关系研究》，《科技管理研究》2014 年第 14 期。

李焕荣、林健：《基于知识联盟的企业核心能力培养》，《科研管理》2001 年第 3 期。

李纪珍：《研究开发合作的原因与组织》，《科研管理》2000 年第 1 期。

李玲：《技术创新网络中企业间依赖、企业开放度对合作绩效的影响》，《南开管理评论》2011 年第 4 期。

李明星等：《产学研合作创新绩效影响因素元分析研究》，《科技进步与对策》2019 年第 11 期。

李旭、李雪：《社会资本对农民专业合作社成长的影响——基于资源获取中介作用的研究》，《农业经济问题》2019 年第 1 期。

李怡娜、叶飞：《高层管理支持、环保创新实践与企业绩效——资源承诺的调节作用》,《管理评论》2013 年第 1 期。

李怡娜、叶飞:《制度压力、绿色环保创新实践与企业绩效关系——基于新制度主义理论和生态现代化理论视角》,《科学学研究》2011 年第 12 期。

李元旭、唐林芳:《发展核心能力的有效途径——知识联盟管理》,《财经问题研究》1999 年第 3 期。

李振华等:《孵化网络中在孵企业资源获取对创新绩效的影响——以关系社会资本为中介变量》,《科技进步与对策》2017 年第 12 期。

梁秀霞:《基于竞合状态的知识联盟伙伴关系与动态能力的实证研究》,《科技管理研究》2012 年第 23 期。

廖凯诚等:《科技创新与绿色治理协调效应评价及动态关系研究》,《科技进步与对策》2019 年第 16 期。

刘芳等:《企业家能力、关键资源获取与新创企业成长关系研究》,《科技进步与对策》2014 年第 8 期。

罗炜、唐元虎:《企业合作创新的组织模式及其选择》,《科学学研究》2001 年第 4 期。

罗志恒等:《网络、资源获取和中小企业绩效关系研究:基于中国实践》,《软科学》2009 年第 8 期。

马富萍、李燕萍:《资源型企业高管社会资本、资源获取与技术创新》,《经济管理》2011 年第 8 期。

马鸿佳等:《科技型创业企业资源获取与动态能力关系的实证研究》,《科学学与科学技术管理》2008 年第 11 期。

庞芳兰、庄贵军:《承诺感知在企业合作关系中的作用》,《软科学》2015 年第 11 期。

裴学敏、陈金贤:《认识资产对合作创新过程的影响分析》,《科研管理》1999 年第 1 期。

乔琳、丁莹莹:《供应链企业间合作行为对企业间合作绩效的影响》,《统计与决策》2019 年第 11 期。

任荣：《企业合作创新本质的理论分析》，《经济问题》2010 年第 3 期。

任胜钢、舒睿：《创业者网络能力与创业机会：网络位置和网络跨度的作用机制》，《南开管理评论》2014 年第 1 期。

芮正云、罗瑾琏：《新创企业联盟能力、网络位置跃迁对其知识权力的影响——基于知识网络嵌入视角》，《管理评论》2017 第 8 期。

芮正云、罗瑾琏：《捆绑还是协同：创新联盟黏性对企业间合作绩效的影响——表达型与工具型关系契约的作用差异视角》，《系统管理学报》2019 年第 1 期。

盛亚、张文静：《资产性质、权力—依赖关系对机会主义行为的影响》，《科技进步与对策》2014 年第 23 期。

斯格特、黄洋：《组织理论：理性、自然和开放系统》，华夏出版社 2002 年版。

宋晶等：《网络能力与合作创新绩效的关系研究——文化异质性的作用》，《管理评论》2015 年第 2 期。

孙红侠、李仕明：《并行研发联盟中合作伙伴资源投入决策分析》，《预测》2005 年第 2 期。

孙善林等：《高管团队社会资本对企业开放式创新能力的影响研究——以资源获取与资源整合为中介变量》，《研究与发展管理》2017 年第 2 期。

孙骞、欧光军：《双重网络嵌入与企业创新绩效——基于吸收能力的机制研究》，《科研管理》2018 年第 5 期。

孙永磊等：《企业战略导向对其合作创新绩效的作用机理》，《技术经济》2017 年第 4 期。

孙永磊等：《合作组织惯例形成影响因素研究述评与未来展望》，《外国经济与管理》2014 年第 3 期。

王丹丹等：《物流企业与制造企业协同发展研究——基于双方合作绩效分析》，《数学的实践与认识》2019 年第 19 期。

王道平等：《基于技术标准特征的标准研发联盟合作伙伴选择研究》，《科研管理》2015 年第 1 期。

王国才等：《营销渠道中双边专用性投资对合作创新绩效影响的实证研究》，《南开管理评论》2011 年第 6 期。

王丽平、何亚蓉：《互补性资源、交互能力与合作创新绩效》，《科学学研究》2016 年第 1 期。

王庆喜、宝贡敏：《社会网络、资源获取与小企业成长》，《管理工程学报》2007 年第 4 期。

王益锋、王晓萌：《网络能力、资源获取与技术创新绩效——基于科技型小微企业的实证研究》，《科技管理研究》2016 年第 6 期。

王伟光等：《产业创新网络中核心企业控制力能够促进知识溢出吗?》，《管理世界》2015 年第 6 期。

汪忠、黄瑞华：《合作创新的知识产权风险与防范研究》，《科学学研究》2005 年第 3 期。

温忠麟、叶宝娟：《有调节的中介模型检验方法：竞争还是替补?》，《心理学报》2014 年第 5 期。

吴松强等：《联盟伙伴选择、伙伴关系与联盟绩效——基于科技型小微企业的实证检验》，《外国经济与管理》2017 年第 2 期。

肖丁丁等：《R&D 投入与产学研绩效关系的实证研究》，《管理学报》2011 年第 5 期。

熊爱华等：《消费者的农产品品牌认知与情感对品牌忠诚度的影响研究》，《山东财经大学学报》2019 年第 1 期。

许晖等：《网络嵌入、组织学习与资源承诺的协同演进——基于 3 家外贸企业转型的案例研究》，《管理世界》2013 年第 10 期。

薛捷、张振刚：《动态能力视角下创新型企业联盟管理能力研究》，《科研管理》2017 年第 1 期。

闫立罡、吴贵生：《联盟绩效的影响因素分析》，《研究与发展管理》2006 年第 5 期。

杨建华等：《物流联盟管理能力对竞争优势、联盟绩效影响的实证研究》,《软科学》2015 年第 6 期。

叶学锋、魏江：《关于资源类型和获取方式的探讨》,《科学学与科学技术管理》2001 年第 9 期。

殷俊杰、邵云飞：《创新搜索和惯例的调节作用下联盟组合伙伴多样性对创新绩效的影响研究》,《管理学报》2017 年第 4 期。

曾伏娥、严萍：《“新竞争”环境下企业关系能力的决定与影响：组织间合作战略视角》,《中国工业经济》2010 年第 11 期。

张梦晓、高良谋：《基于 Meta 分析的主体因素与跨组织合作创新绩效的关系研究》,《管理学报》2019 年第 11 期。

张彦宁：《跨国公司发展新战略》,《企业管理》1998 年第 4 期。

詹也：《联盟组合管理能力对企业绩效的作用机制研究——联盟效率二元性的中介效应》, 博士学位论文，浙江大学，2013 年。

张方华：《资源获取与技术创新绩效关系的实证研究》,《科学学研究》2006 年第 4 期。

张光曦：《如何在联盟组合中管理地位与结构洞？——MOA 模型的视角》,《管理世界》2013 年第 11 期。

张永安、张瑜筱丹：《外部资源获取、内部创新投入与企业经济绩效关系——以新一代信息技术企业为例》,《华东经济管理》2018 年第 10 期。

张玉利、陈立新：《破坏性创新战略与资源承诺》,《经济管理》2005 年第 23 期。

赵琳：《异质性资源互补匹配对流通企业合作绩效的影响》,《商业经济研究》2019 年第 24 期。

郑胜华、丁元杰：《联盟能力、创新网络与创新绩效关系的实证研究》,《浙江工业大学学报》(社会科学版) 2016 年第 1 期。

郑胜华、徐金发：《联盟能力的整合构架剖析》,《科研管理》2005 年第 6 期。

中国社会科学院工业经济研究所课题组、史丹:《“十四五”时期中国工业发展战略研究》,《中国工业经济》2020 年第 2 期。

郑向杰、赵炎:《联盟创新网络中企业间知识共享的博弈分析》,《软科学》2013 年第 10 期。

郑烨等:《公共服务供给、资源获取与中小企业创新绩效的关系研究》,《研究与发展管理》2018 年第 4 期。

周杰:《联盟能力、关系质量与战略联盟企业间知识转移关系研究》,《情报科学》2014 年第 12 期。

周杰、张卫国:《国外联盟能力研究述评与展望》,《外国经济与管理》2012 年第 9 期。

周青等:《技术标准联盟伙伴关系与联盟绩效的关联研究》,《科研管理》2011 年第 8 期。

朱彬钰:《集群企业资源获取、吸收能力与技术创新绩效——珠三角传统产业集群中的企业研究》,《科技进步与对策》2009 年第 10 期。

朱秀梅等:《网络能力、资源获取与新企业绩效关系实证研究》,《管理科学学报》2010 年第 4 期。

Anand, B. N., Khanna, T., “Do Firms Learn to Create Value? The Case of Alliances”, *Strategic Management Journal*, Vol. 21, No. 3, March 2000.

Anderson, J. C., et al., “Dyadic Business Relationships Within a Business Network Context”, *Journal of Marketing*, Vol. 58, No. 4, April 1994.

Amaldoss, W., et al., “Collaborating to Compete”, *Marketing Science*, Vol. 19, No. 2, February 2000.

Barney, J. B., “Firm Resources and Sustained Competitive Advantage”, *Journal of Management*, Vol. 17, No. 1, January 1991.

Beamish, I. P. W., “Knowledge, Bargaining Power, and the Instability of International Joint Ventures”, *The Academy of Management*

Review, Vol. 22, No. 1, January 1997.

Becker, H. S., "Notes on the Concept of Commitment", *American Journal of Sociology*, Vol. 66, No. 1, January 1960.

Bierly, P. E., et al., "The Application of External Knowledge: Organizational Conditions for Exploration and Exploitation", *Journal of Management Studies*, Vol. 46, No. 3, March 2009.

Burgelman, R. A., "A Model of the Interaction of Strategic Behavior, Corporate Context, and the Concept of Strategy", *The Academy of Management Review*, Vol. 8, No. 1, January 1983.

Cai, L., et al., "Effectuation, Exploratory Learning and New Venture Performance: Evidence from China", *Journal of Small Business Management*, Vol. 53, No. 3, March 2017.

Chandler, A., *The Visible Hand*, Cambridge: Harvard University Press, 1977.

Chang, S. J., Rosenzweig, P. M., "The Choice of Entry Mode in Sequential Foreign Direct Investment", *Strategic Management Journal*, Vol. 22, No. 8, August 2001.

Conner, K. R., "A Historical Comparison of Resource-based Theory and Five Schools of Thought Within Industrial Organization Economics: Do We Have a New Theory of the Firm?", *Journal of Management*, Vol. 17, No. 1, January 1991.

Cullen, J. B., et al., "Success through Commitment and Trust: The Soft Side of Strategic Alliance Management", *Journal of World Business*, Vol. 35, No. 3, March 2000.

Das, S., et al., "Impact of Strategic Alliances on Firm Valuation", *The Academy of Management Journal*, Vol. 41, No. 1, January 1998.

Das, T. K., Teng, B. S., "A Resource-based Theory of Strategic Alliances", *Journal of Management*, Vol. 26, No. 1, January 2000.

Daugherty, P. J., et al., "Reverse Logistics: Superior Performance through Focused Resource Commitments to Information Technology", *Transportation Research Part E: Logistics and Transportation Review*, Vol. 41, No. 2, February 2005.

Davenport, S., et al., "Collaboration and Organizational Learning: A Study of a New Zealand Collaborative Research Program", *International Journal of Technology Management*, Vol. 18, No. 4, April 1999.

Dawna, L., et al., "A Typology of Strategic Alliances in the Airline Industry: Propositions for Stability and Duration", *Journal of Air Transport Management*, Vol. 3, No. 3, March 1997.

Dierickx, I., Cool, K., "Asset Stock Accumulation and Sustainability of Competitive Advantage", *Management Science*, Vol. 35, No. 12, December 1989.

Doney, P. M., Cannon, J. P., "An Examination of the Nature of Trust in Buyer-seller Relationships", *Journal of Marketing*, Vol. 61, No. 2, February 1997.

Draulans, J., et al., "Building Alliance Capability: Management Techniques for Superior Alliance Performance", *Long Range Planning*, Vol. 36, No. 2, February 2003.

Drees, J. M., Heugens, P. P. M. A. R., "Synthesizing and Extending Resource Dependence Theory: A Meta-analysis", *Journal of Management*, Vol. 39, No. 6, June 2012.

Dyer, J. H., Hatch, N. W., "Relation-specific Capabilities and Barriers to Knowledge Transfers: Creating Advantage through Network Elationships", *Strategic Management Journal*, Vol. 27, No. 8, August 2010.

Eisenhardt, K. M., Martin, J. A., "Dynamic Capabilities: What are They?", *Strategic Management Journal*, Vol. 21, No. 10, November 2000.

Faria, P., Schmidt, T., "International Cooperation on Innovation: Empirical Evidence for German and Portuguese Firms", *Discussion Paper*, Vol. 13, No. 4, April 2007.

Filipe, M., et al., "Organizational Boundaries and Theories of Organization", *Organization Science*, Vol. 16, No. 3, March 2005.

Gassmann, O., Becker, B., "Towards a Resource-based View of Corporate Incubators", *International Journal of Innovation Management*, Vol. 10, No. 1, January 2006.

Glenn, Richey R., et al., "The Role of Resource Commitment and Innovation in Reverse Logistics Performance", *International Journal of Physical Distribution & Logistics Management*, Vol. 35, No. 4, April 2005.

Grant, R. M., "Prospering in Dynamically competitive Environments: Organizational Capability as Knowledge Integration", *Organization Science*, Vol. 7, No. 4, April 1999.

Grant, R. M., "The Resource-based Theory of Competitive Advantage: Implications for Strategy Formulation", *California Management Review*, Vol. 33, No. 3, March 1991.

Gulati, R., "Alliances and Networks", *Strategic Management Journal*, Vol. 19, No. 4, April 1998.

Gulati, R., "Managing Network Resources: Alliances, Affiliations, and Other Relational Assets", *Scandinavian Journal of Management*, Vol. 25, No. 2, February 2008.

Gulati, R., "Social Structure and Alliance Formation Patterns: A Longitudinal Analysis", *Administrative Science Quarterly*, Vol. 40, No. 4, April 1995.

Heimeriks, K. H., Duysters, G., "Alliance Capability as a Mediator Between Experience and Alliance Performance: An Empirical Investigation Into the Alliance Capability Development Process", *Journal of Management Studies*, Vol. 44, No. 1, January 2007.

Helfat, C. E., Peteraf, M. A., "The Dynamic Resource-based View: Capability Lifecycles", *Strategic Management Journal*, Vol. 24, No. 10, October 2003.

Hillman, A. J., et al., "Resource Dependence Theory: A Review", *Journal of Management*, Vol. 35, No, 6, June 2009.

Hoffmann, W. H., "Strategies for Managing a Portfolio of Alliances", *Strategic Management Journal*, Vol. 28, No. 8, August 2007.

Hunt, S. D., Morgan, R. M., "The Comparative Advantage Theory of Competition", *Journal of Marketing*, Vol. 59, No. 2, February 1995.

IICA, Bogotá (Colombia), The theory of the growth of the firm, New York: Oxford University Press, 1995.

Jap, S. D., "Pie-expansion Efforts: Collaboration Processes in Buyer-supplier Relationships", *Journal of Marketing Research*, Vol. 36, No. 4, April 1999.

Kale, P, et al., "Alliance Capability, Stock Market Response, and Long-term Alliance Success: The Role of the Alliance Function", *Strategic Management Journal*, Vol. 23, No. 8, August 2002.

Kale, P., Singh H.: "Managing Strategic Alliances: What Do We Know Now, and Where Do We Go From Here?", *The Academy of Management Perspectives*, Vol. 23, No. 2, February 2009.

Kale, P., et al., "Learning and Protection of Proprietary Assets in Strategic Alliances: Building Relational Capital", *Strategic Management Journal*, Vol. 21, No. 3, March 2000.

Lagace, R. R., et al., "The Relevance of Ethical Salesperson Behavior on Relationship Quality: The Pharmaceutical Industry", *Journal of Personal Selling & Sales Management*, Vol. 11, No. 4, April 1991.

Lambe, C. J. , et al. , "Alliance Competence, Resources, and Alliance Success: Conceptualization, Measurement, and Initial Test", *Journal of the Academy of Marketing Science*, 2002, 30 (2): 141-158.

Leischnig, A. , et al. , "On the Role of Alliance Management Capability, Organizational Compatibility, and Interaction Quality in Interorganizational Technology Transfer", *Journal of Business Research*, Vol. 67, No. 6, June 2014.

Lisboa, A. , et al. , "Entrepreneurial Orientation Pathways to Performance: A Fuzzy-setanalysis", *Journal of Business Research*, Vol. 69, No. 4, April 2016.

Lunnan, R. , Haugland S. A. , "Predicting and Measuring Alliance Performance: A Multidimensional Analysis", *Strategic Management Journal*, Vol. 29, No. 5, May 2008.

Lusch, R. F. , "A General Theory of Competition: Resources, Competences, Productivity, Economic Growth by Shelby Hunt", *Review of Austrian Economics*, Vol. 16, No. 4, April 2003.

Meyer, K. E. , Thaijongrak O. , "The Dynamics of Emerging Economy MNEs: How the Internationalization Process Model can Guide Future Research", *Asia Pacific Journal of Management*, Vol. 30, No. 4, April 2013.

Miller, D. , Shamsie, J. , The Resource-based View of the Firm in Two Environments: The Hollywood Film Studios From 1936 to 1965", The Academy of Management Journal, Vol. 39, No. 3, March 1996.

Monteiro, F. , et al. , "External knowledge access versus internal knowledge protection: A necessary trade-off?", *Academy of Management Annual Meeting Proceedings*, Vol. 11, No. 1, January 2011.

Moorman, C. , et al. , "Relationships Between Providers and Users of Market Research: The Dynamics of Trust Within and Between Organizations", *Journal of Marketing Research*, Vol. 29, No. 29, 1992.

Morgan, R. M. , Hunt, S. D. , "The Commitment-trust Theory of Relationship Marketing", *Journal of Marketing*, Vol. 58, No. 3, March 1994.

Morrow, J. L. , et al. , "Creating Value in The Face of Declining Performance: Firm Strategies and Organizational Recovery", *Strategic Management Journal*, Vol. 28, No. 3, March 2007.

Muhammad, I. , et al. , "Resource and Information Access for SME Sustainability in the Era of IR 4. 0: The Mediating and Moderating Roles of Innovation Capability and Management Commitment", *Processes*, Vol. 7, No. 4, April 2019.

Nielsen, B. B. , Nielsen S. , "Learning and Innovation in International Strategic Alliances: An Empirical Test of the Role of Trust and Tacitness", *Journal of Management Studies*, Vol. 46, No. 6, June 2009.

Osborn, R. N. , Hagedoorn J. , "The Institutionalization and Evolutionary Dynamics of Inter organizational Alliances and networks", *Academy of Management Journal*, Vol. 40, No. 2, 1997.

Park, N. K. , et al. , "A Resource-based View of Strategic Alliances and Firm Value in The Diectronic Marketplace", *Journal of Management*, Vol. 30, No. 1, 2004.

Pfeffer, J. , "A Resource Dependence Perspective on Intercorporate Relations", *Intercorporate Relations: The Structural Analysis of Business*, Vol. 12, No. 3, March 1987.

Pfeffer, J. , Salancik G. R. , "The External Control of Organizations: A Resource Dependence Perspective", *Social ence Electronic Publishing*, Vol. 23, No. 2, February 2003.

Prahafl, G. , "The Core Competence of Corporation", *Harvard Business Review*, Vol. 6, No. 5, May 1990.

Ramaseshan, B. , et al. , "Power, Satisfaction, and Relationship Commitment in Chinese Store-tenant Relationship and Their Impact on

Performance", *Journal of Retailing*, Vol. 82, No. 1, January 2006.

Rothaermel, F. T., Deeds, D. L., "Alliance Type, Alliance Experience and Alliance Management Capability in High-technology Ventures", *Journal of Business Venturing*, Vol. 21, No. 4, April 2006.

Sarkar, M. B., et al., "Process Capabilities and Value Generation in Alliance Portfolios", *Organization Science*, Vol. 20, No. 3, March 2009.

Sarkar, M. B., et al., "The Influence of Complementarity, Compatibility, and Relationship Capital on Alliance Performance", *Journal of the Academy of Marketing Science*, Vol. 29, No. 4, April 2001.

Schilke, O., Goerzen, A., "Alliance Management Capability: An Investigation of The Construct and Its Measurement", *Journal of Management*, Vol. 36, No. 5, May 2011.

Schreiner, M., et al., "What Really is Alliance Management Capability and How Does It Impact Alliance Outcomes and Success?", *Strategic Management Journal*, Vol. 30, No. 13, July 2009.

Selznick, P., "Leadership in Administration", *American Journal of Sociology*, Vol. 12, No. 1, January 1957.

Simonin, B. L., "The Importance of Collaborative Know-how: An Empirical Test of The Learning of Organization", *Academy of Management Journal*, Vol. 40, No. 5, May 1997.

Sluyts, K., et al., "Building Capabilities to Manage Strategic Alliances", *Industrial Marketing Management*, Vol. 40, No. 6, June 2011.

Spekman, M. R., "Characteristics of Partnership Success: Partnership Attributes, Communication Behavior, and Conflict Resolution Techniques", *Strategic Management Journal*, Vol. 15, No. 2, February 1994.

Teece, D. J., "Dynamic Capabilities and Strategic Management", *Strategic Management Journa*l, Vol. 18, No. 7, July 1997,

Tsai, K. H., "Collaborative Networks and Product Innovation Performance: Toward a Contingency Perspective", *Research Policy*, Vol. 38, No. 5, May 2009.

Uhlenbruck, K., et al., "Organizational Transformation in Transition Cconomies: Resource-based and Organizational Learning Perspectives", *Journal of Management Studies*, Vol. 40, No. 2, February 2003.

Ulrich, D., Barney, J. B., "Perspectives in Organizations: Resource Dependence, Efficiency, and Population", *The Academy of Management Review*, Vol. 9, No. 3, March 1984.

Wassmer, U., Dussauge, P., "Network Resource Stocks and Flows: How do Alliance Portfolios Affect the Value of New Alliance Formations?", *Strategic Management Journal*, Vol. 33, No. 7, July 2012.

Wernerfelt, B., "A Resource-based View of the Firm", *Strategic Management Journal*, Vol. 5, No. 2, February 1984.

Wittmann, C. M., et al., "Explaining Alliance Success: Competences, Resources, Relational Factors, and Resource-advantage Theory", *Industrial Marketing Management*, Vol. 38, No. 7, July 2009.

Zollo, M., Winter, S. G., "Deliberate Learning and the Evolution of Dynamic Capabilities", *Organization Science*, Vol. 13, No. 3, March 2002.